FILOSOFÍA DE LA MASONERÍA

CARTAS A CONSTANT

Johann Gottlieb Fichte

FILOSOFÍA DE LA MASONERÍA
CARTAS A CONSTANT

MASONICA

Johann Gottlieb Fichte

FILOSOFÍA DE LA MASONERÍA
CARTAS A CONSTANT

SERIE AZUL
[TEXTOS HISTÓRICOS Y CLÁSICOS]

MASONICA
Ediciones del Arte Real

Filosofía de la masonería – Cartas a Constant
JOHANN GOTTLIEB FICHTE

Título original:
Philosophie eines Freimaurers. Briefe an Constant

Traducción, estudio introductorio y notas:
Inés Marín Tischler

Ilustración de cubierta:
retrato de Johann Gottlieb Fichte,
grabado según dibujo de Friedrich Bury (c. 1798)

Diseño y maquetación:
EЯA | ALTA RESOLUCIÓN EDITORIAL

MASONICA®
www.masonica.es
SERIE AZUL (Textos históricos y clásicos)

© 2026 EDITORIAL MASONICA

ENTREACACIAS, SL
[Sociedad Editora]
Covadonga, 8
33002 Oviedo - Asturias (España)
info@masonica.es

Primera edición: enero, 2026

ISBN: 979-13-87560-78-2
Depósito Legal: AS 02965-2025

Impreso por Podiprint
Impreso en España y América Latina

„Ich bin nicht dazu bestimmt, die Welt zu erkennen, sondern in ihr zu handeln; nicht meine Freiheit zu betrachten, sondern sie zu vollziehen".

(No he venido al mundo para conocerlo, sino para actuar en él conforme al deber; y solo en esa acción se cumple la libertad del hombre.)

JOHANN GOTTLIEB FICHTE

ESTUDIO INTRODUCTORIO

CARTAS A CONSTANT

ESTUDIO INTRODUCTORIO

Naturaleza y singularidad de
Cartas a Constant

Cartas a Constant ocupa un lugar singular dentro del conjunto de la obra de Johann Gottlieb Fichte, tanto por su forma literaria como por su intención filosófica y su objeto de análisis. No se trata de un tratado sistemático en el sentido estricto en que lo son sus grandes escritos de filosofía trascendental, ni de una obra circunstancial dictada por polémicas coyunturales, sino de un texto deliberadamente situado en un espacio intermedio: el de la reflexión filosófica aplicada a una institución histórica concreta, sometida aquí a un examen racional riguroso. Esta posición liminar explica en buena medida la dificultad de clasificar la obra y, al mismo tiempo, su extraordinaria originalidad.

Desde el punto de vista formal, Fichte elige el género epistolar, pero lo hace de un modo muy distinto al de la literatura moralizante o pedagógica habitual de la época. Las cartas no son confidencias personales ni intercambios privados en sentido estricto, sino un dispositivo filosófico cuidadosamente construido. El destinatario, Constant, no es un corresponsal real ni un iniciado al que se transmitan conocimientos reservados, sino una figura conceptual: el hombre ilustrado, racional, profano en materia masónica, pero dotado de honestidad intelectual y capacidad crítica. La obra se presenta así como un diálogo unilateral que, lejos de apoyarse en la autoridad del iniciado, se esfuerza por justificar cada afirmación exclusivamente mediante la razón. La forma epistolar permite a Fichte desplegar un pensamiento progresivo, anticipar objeciones, corregir malentendidos y guiar al lector paso a paso, sin recurrir en ningún momento al argumento de pertenencia o al secreto iniciático como fuente de legitimidad.

Esta elección formal está íntimamente ligada a la naturaleza misma del proyecto. *Cartas a Constant* no pretende describir la masonería tal como es, ni reconstruir su historia, ni defenderla frente a sus detractores. Fichte se distancia explícitamente tanto de la literatura apologética como de la literatura antimasónica de su tiempo. Tampoco se sitúa en la tradición de los llamados «manuales masónicos», ni en la de los escritos rituales o simbólicos. Su pregunta fundamental no es empírica ni histórica, sino normativa y filosófica: bajo qué condiciones puede la masonería estar racionalmente justificada, qué puede ser legítimamente y qué, por el contrario, no puede ni debe ser.

Esta orientación confiere a la obra un carácter radicalmente distinto del de la mayoría de los textos masónicos contemporáneos, incluso de aquellos redactados por filósofos o intelectuales.

En este sentido, la singularidad de *Cartas a Constant* reside también en su método. Fichte adopta deliberadamente el punto de vista del no iniciado. Insiste en que no habla como masón, sino como filósofo, y que no comunica nada que no pueda ser comprendido –al menos en principio– por cualquier lector racional. Este gesto metodológico es de enorme importancia: rompe con la lógica de la autoridad interna y sitúa a la masonería bajo el tribunal de la razón pública. La Orden no es evaluada a partir de sus símbolos, rituales o tradiciones, sino a partir de su posible función dentro del proceso de formación moral de la humanidad. En lugar de preguntar qué enseña la masonería, Fichte pregunta para qué podría servir legítimamente, y solo en la medida en que esa finalidad pueda ser racionalmente defendida.

La obra se distingue también por la radicalidad de sus exclusiones. Fichte no se limita a proponer una interpretación elevada de la masonería, sino que descarta explícitamente, una tras otra, casi todas las finalidades que históricamente se le han atribuido: la difusión de doctrinas religiosas particulares, la intervención política directa, la promoción de intereses económicos, la búsqueda de conocimientos ocultos, la mejora inmediata de la felicidad individual, la reforma moral mediante premios y castigos, o la conservación de tradiciones por su mera antigüedad. Esta operación negativa es tan importante como la positiva: antes de decir qué puede ser la masonería, Fichte se esfuerza en mostrar con claridad qué no puede ser sin traicionarse a sí misma.

Desde el punto de vista filosófico, *Cartas a Constant* puede entenderse como una prolongación práctica de la ética fichteana. Las grandes categorías de su pensamiento –libertad, deber, humanidad, formación, razón– aparecen aquí aplicadas a una institución concreta. Sin embargo, la obra no es un simple «ejemplo» de su sistema, ni una vulgarización de su filosofía. Por el contrario, el texto desarrolla aspectos que en sus escritos más abstractos permanecen implícitos, especialmente en lo relativo a la educación del individuo dentro de una sociedad históricamente determinada. La masonería se convierte así en un caso límite que permite a Fichte pensar la tensión entre formación individual y estructura social, entre especialización y totalidad, entre vida privada y finalidad universal.

Finalmente, la singularidad de *Cartas a Constant* se manifiesta en su tono. A diferencia de otros escritos de Fichte, marcados a veces por una fuerte combatividad polémica, aquí predomina un tono reflexivo, paciente y exigente, pero nunca dogmático. El autor no impone conclusiones, sino que invita al lector a recorrer con él un camino argumentativo. La reiterada apelación a la coherencia racional y al juicio propio del interlocutor subraya que la obra no busca adhesión acrítica, sino comprensión. En este sentido, *Cartas a Constant* es un ejercicio ejemplar de filosofía práctica, en el que la razón se pone a prueba frente a una institución histórica sin renunciar a su autonomía ni a su rigor.

Contexto histórico e intelectual de la obra (1802-1803)

Filosofía de la masonería. Cartas a Constant, título completo de la obra, se redacta en un momento especialmente complejo de la trayectoria vital e intelectual de Johann Gottlieb Fichte y, al mismo tiempo, en una coyuntura crítica para la cultura alemana y europea de comienzos del siglo XIX.

Los años 1802-1803 se sitúan inmediatamente después de uno de los episodios más decisivos de su vida pública: la llamada polémica del ateísmo, que culminó en 1799 con su expulsión de la Universidad de Jena. Este acontecimiento no solo supuso una ruptura institucional, sino que obligó a Fichte a replantear su relación con el espacio público, con las instituciones culturales y con el papel social del filósofo.

Tras abandonar Jena, Fichte se instala en Berlín, ciudad que, aunque todavía no era una universidad en sentido moderno, se había convertido en un importante centro de debate intelectual. Allí entra en contacto con círculos ilustrados, reformistas y pedagógicos, en un contexto marcado por la crisis del Sacro Imperio Romano Germánico y por la creciente presión política y militar de la Francia napoleónica. La sensación de descomposición del orden tradicional y la urgencia de una regeneración moral y cultural atraviesan el clima intelectual del momento y constituyen un trasfondo indispensable para comprender el impulso de la obra.

En el plano filosófico, estos años corresponden a una fase de madurez del pensamiento fichteano. Tras el período más estrictamente sistemático de la *Doctrina de la ciencia*, Fichte orienta progresivamente su reflexión hacia cuestiones prácticas, éticas y políticas, sin abandonar los principios fundamentales de su idealismo trascendental. Obras como *El Estado comercial cerrado*[1] (1800) o los escritos posteriores sobre educación y nación muestran un interés cada vez más acusado por las condiciones históricas concretas en las que la libertad moral puede realizarse. *Cartas a Constant* se inscribe en esta línea, pero lo hace desde un ángulo particular: el examen de una institución intermedia entre el individuo y el Estado.

El contexto masónico del cambio de siglo es igualmente relevante. A finales del siglo XVIII y comienzos del XIX, la masonería alemana se encontraba profundamente fragmentada. Proliferaban sistemas, ritos y obediencias rivales, muchas de ellas cargadas de elementos esotéricos, caballerescos o teosóficos, y envueltas en controver-

---

[1] *El Estado comercial cerrado* es un escrito de filosofía política en el que Fichte plantea un modelo de Estado económicamente autosuficiente, con el comercio exterior estrictamente limitado, no como propuesta económica práctica, sino como construcción normativa. Su objetivo es mostrar cómo un orden jurídico y económico regulado puede crear las condiciones materiales necesarias para la realización de la libertad moral. El texto ilustra con claridad el desplazamiento del pensamiento fichteano hacia el análisis de las mediaciones históricas, sociales e institucionales entre el individuo y el Estado.

sias internas sobre autoridad, legitimidad y finalidad. Al mismo tiempo, la Orden era objeto de una intensa vigilancia pública, alimentada por la literatura antimasónica y por el clima de sospecha generado tras la Revolución francesa. Este doble fenómeno –disgregación interna y presión externa– contribuyó a que la pregunta por el sentido y la legitimidad de la masonería se volviera especialmente apremiante en los círculos ilustrados.

Desde el punto de vista intelectual, *Cartas a Constant* dialoga indirectamente con varias corrientes de su tiempo. Por un lado, responde al moralismo ilustrado tardío, que tendía a concebir la educación moral como una cuestión de disciplina social o de utilidad pública. Por otro, se distancia tanto del romanticismo naciente, con su inclinación hacia el simbolismo oscuro y la experiencia interior inefable, como de las formas más dogmáticas del racionalismo ilustrado. Fichte escribe desde una posición singular: profundamente racional, pero consciente de los límites de la mera instrucción teórica; crítica con el esoterismo, pero igualmente crítica con la trivialización moral de la razón.

No es casual que la obra adopte la forma de una serie de cartas dirigidas a un interlocutor ilustrado, en un momento en que el espacio público alemán estaba redefiniéndose. La inexistencia de una universidad berlinesa plenamente constituida, la censura política creciente y la fragmentación institucional obligaban a buscar formas alternativas de intervención intelectual. *Cartas a Constant* puede leerse también como un producto de esta situación: un texto que no se dirige ni a una corporación académica ni a una obediencia masónica concreta, sino a una comunidad ideal de lectores racionales, situada más allá de afiliaciones políticas, confesionales o institucionales.

En este marco, la obra no es un gesto aislado, sino parte de un esfuerzo más amplio por repensar las condiciones de posibilidad de una formación humana integral en tiempos de crisis. El diagnóstico implícito de Fichte es que las grandes instituciones visibles –Estado, Iglesia, corporaciones profesionales– han desarrollado funciones necesarias, pero también han producido efectos colaterales de fragmentación y unilateralidad. La reflexión sobre la masonería se inserta así en un debate más general sobre la reorganización moral de la sociedad europea tras el agotamiento del modelo ilustrado clásico y antes del surgimiento de las grandes ideologías nacionales del siglo XIX.

En base a todo ello se puede decir que *Cartas a Constant* nace en un momento de transición histórica, intelectual y personal. Es fruto de un filósofo desplazado de la institución universitaria, inmerso en una época de descomposición política y cultural, y enfrentado a una masonería que, lejos de presentarse como una fuerza unificada y segura de sí misma, aparecía como un campo problemático y disputado. Este contexto explica tanto el tono crítico como la ambición normativa de la obra, así como su voluntad de elevar la discusión por encima de las polémicas inmediatas para situarla en un horizonte filosófico más amplio.

Fichte y la masonería

Fichte fue iniciado en la masonería en 1794, durante su estancia en Jena, en un momento en el que su prestigio intelectual comenzaba a consolidarse tras la publicación de la *Doctrina de la ciencia*. Su iniciación tuvo lugar en el entorno de la logia Günther zum stehenden Löwen[2] (a veces citada como *Zum stehenden Löwen*), vinculada al sistema de la Gran Logia de Sajonia, una obediencia de orientación ilustrada y racionalista, alejada tanto del ocultismo rosacruciano como de las tendencias templarias del sistema de la Estricta Observancia. No existen indicios fiables de que Fichte alcanzara grados superiores ni de que desempeñara cargos relevantes dentro de la estructura masónica; su participación fue esencialmente la de un miembro reflexivo y observador, más interesado en el significado filosófico de la institución que en su praxis ritual.

El contexto masónico alemán de la década de 1790 era particularmente complejo. Tras el colapso de la Estricta

---

[2] El nombre de la logia Günther zum stehenden Löwen puede traducirse literalmente como «Günther del León Erguido» o «Günther del León en Pie». En algunas fuentes aparece abreviado simplemente como Zum stehenden Löwen («Del León Erguido»), forma habitual en la denominación tradicional de logias alemanas del siglo XVIII.

Observancia en el Convento de Wilhelmsbad (1782), la masonería germánica se hallaba fragmentada en múltiples sistemas, obediencias y corrientes doctrinales: masonería racional ilustrada, iluminismo bávaro, rosacrucismo reformado, sistemas templarios residuales y diversas tentativas sincréticas. Fichte conocía bien este panorama, no solo por su pertenencia formal a la Orden, sino también por su contacto personal e intelectual con masones destacados de su tiempo, como Johann Wolfgang von Goethe, Johann Gottfried Herder y Christoph Martin Wieland, todos ellos vinculados, de formas diversas, a logias ilustradas. Sin embargo, Fichte mantuvo siempre una clara distancia frente a las derivas místicas, esotéricas o pseudohistóricas de la masonería tardía, así como frente a la proliferación de «sistemas» que pretendían poseer la auténtica tradición secreta.

La relación de Johann Gottlieb Fichte con la masonería es compleja, indirecta y deliberadamente ambigua, lo que ha dado lugar a interpretaciones erróneas tanto apologéticas como críticas. Fichte no fue un masón activo en el sentido institucional habitual, ni escribió desde la perspectiva de un iniciado comprometido con una obediencia concreta. Su aproximación a la masonería es, ante todo, filosófica: la considera un fenómeno histórico e institucional que debe ser examinado desde la razón, no desde la pertenencia, la tradición ni la autoridad ritual. Conocía bien la masonería de su tiempo, tanto por contacto personal con masones como por la abundante literatura contemporánea, favorable y hostil, que circulaba a finales del siglo XVIII. Era consciente de la proliferación de ritos, sistemas y grados, de las disputas internas y de la distancia creciente entre las pretensiones morales de la Orden y sus prácticas efectivas. Precisamente por ello, su interés no se centra en describir la masonería existente, sino en interrogar su legitimidad filosófica: qué podría justificar racionalmente la existencia de una sociedad secreta en una época ilustrada y bajo qué condiciones esa justificación sería válida. Esta posición explica un rasgo fundamental de *Cartas a Constant*. Fichte no habla como masón, sino como filósofo que adopta deliberadamente el punto de vista del no iniciado. Sin ser un recurso retórico menor, esta elección es central para su argumentación. Solo desde fuera de la institución –sostiene implícitamente– puede juzgarse si la masonería tiene un sentido que no contradiga los principios de la razón, la moralidad y la libertad. La pertenencia, en cambio, introduciría un sesgo inevitable, ya sea por lealtad, por costumbre o por interés corporativo.

Desde esta perspectiva, hay que recordar que Fichte se distancia tanto de la literatura masónica apologética como de la antimasónica. A los defensores acríticos de la Orden les reprocha confundir tradición con legitimidad y misterio con profundidad; a los detractores, reducir la masonería a una conspiración o a una superstición sin atender a su posible núcleo racional. Su análisis no busca ni salvar ni condenar la masonería histórica, sino establecer un criterio desde el cual pueda evaluarse cualquier forma que adopte.

Es importante subrayar que la masonería que interesa a Fichte no es un conjunto de ritos, símbolos o genealogías legendarias. Todos estos elementos son, para él, secundarios y contingentes. Lo decisivo es si la Orden puede justificarse como una institución moralmente necesaria en determinadas condiciones históricas. En este sentido, Fichte trata la masonería como un problema filosófico análogo al del Estado, la Iglesia o la educación: no pregunta primero qué es empíricamente, sino qué debe ser para no traicionar su propio concepto.

Esta actitud explica también la dureza con la que Fichte juzga muchas manifestaciones masónicas de su tiempo. No duda en excluir de la auténtica masonería todo aquello que persiga fines esotéricos, alquímicos, teosóficos o meramente recreativos, así como las formas de sociabilidad vacía que reducen la Orden a un club. Pero esta exclusión no procede de un criterio histórico ni iniciático, sino de un principio racional: aquello que no contribuye a la formación moral integral del ser humano no puede reclamar legítimamente el nombre de masonería.

Al mismo tiempo, Fichte reconoce que la masonería, entendida en su posibilidad ideal, responde a un problema real generado por la propia estructura de la sociedad moderna: la fragmentación de la formación humana en funciones, estamentos y especializaciones. En este punto, su reflexión se sitúa en continuidad con su filosofía práctica general, pero sin confundirse con ella. La masonería no es para Fichte un sustituto de la filosofía ni una vía privilegiada de acceso a la verdad, sino una institución posible, y solo posible, bajo condiciones históricas determinadas.

Por ello, *Cartas a Constant* no puede leerse como un tratado masónico en sentido estricto, ni como un texto programático para la reforma de una obediencia concreta. Es, más bien, un ejercicio de delimitación conceptual: Fichte traza una frontera rigurosa entre lo que puede llamarse masonería con pleno derecho y lo que, aun llevándolo ese nombre, carece de fundamento racional. Esta frontera no coincide necesariamente con las divisiones históricas reales, lo que explica que el texto resultara incómodo tanto para masones como para profanos.

La relación de Fichte con la masonería es la de un filósofo que se niega a aceptar cualquier institución –por venerable que sea– sin someterla al tribunal de la razón. Su aportación no consiste en revelar secretos ni en proponer reformas prácticas inmediatas, sino en ofrecer un criterio de juicio que permita distinguir entre una masonería posible en sentido moral y racional y las múltiples formas históricas que, según su análisis, se han alejado de ese ideal. Esta distancia crítica es precisamente lo que confiere a *Cartas a Constant* su singularidad dentro de la literatura masónica y su valor duradero como reflexión filosófica.

El destinatario ficticio: Constant

El personaje de Constant no es un destinatario real, sino una figura literaria cuidadosamente construida por Fichte para cumplir una función filosófica precisa. No se trata de un mero recurso retórico ni de un interlocutor genérico, sino de un tipo ideal: un hombre culto, moralmente serio, interesado por la masonería, pero no iniciado en ella, que se aproxima al tema desde la razón y no desde la tradición ni la pertenencia institucional. Constant representa, así, al lector al que Fichte quiere dirigirse de manera privilegiada: alguien capaz de seguir una argumentación rigurosa, dispuesto a revisar sus prejuicios y a aceptar conclusiones que pueden resultar incómodas tanto para masones como para profanos.

La elección de un destinatario ficticio permite a Fichte desarrollar su reflexión en forma epistolar sin caer en el tono sistemático de un tratado ni en el dogmatismo de un manifiesto. El diálogo implícito con Constant introduce preguntas, objeciones y vacilaciones que estructuran el progreso del texto y reflejan con fidelidad el proceso mismo del pensamiento filosófico. Constant no es un discípulo pasivo, sino un interlocutor exigente que obliga al autor a justificar cada paso, a anticipar malentendidos y a precisar continuamente el alcance de sus afirmaciones. De este modo, la obra avanza no por acumulación de tesis, sino por depuración conceptual.

Desde la perspectiva metodológica, Constant encarna el punto de vista externo que Fichte considera indispensable para juzgar la masonería con legitimidad. Al no ser iniciado, no está sujeto al deber de silencio, a la lealtad corporativa ni a la defensa de formas históricas concretas. Esto le permite plantear la única pregunta que, según Fichte, es verdaderamente filosófica: no qué es la masonería en la práctica, sino qué puede y debe ser para estar justificada ante la razón. El hecho de que Constant no pueda afirmar ni negar nada sobre la masonería empírica sin iniciación subraya una de las tesis centrales de la obra: la diferencia radical entre el conocimiento histórico o institucional y el juicio racional sobre la legitimidad de una institución.

El nombre mismo de Constant no es casual. Evoca estabilidad, coherencia y fidelidad a principios, cualidades que Fichte atribuye al interlocutor ideal al que se dirige. Constant no es un escéptico frívolo ni un creyente crédulo; es alguien que exige razones suficientes y que no se conforma con explicaciones basadas en la autoridad, el misterio o la costumbre. Precisamente por ello, Fichte puede conducirlo –y con él al lector– hasta conclusiones que no dependen de revelaciones ni de secretos, sino del ejercicio consecuente de la razón práctica.

La relación entre Fichte y Constant está marcada, además, por un tono de amistad intelectual. No hay jerarquía iniciática ni superioridad moral; hay una comunidad de búsqueda. Este tono refuerza la idea de que el contenido de las cartas no pertenece a un saber reservado, sino a una verdad accesible a todo ser humano que piense con rigor y honestidad. Al mismo tiempo, la reiterada apelación personal a Constant sirve para recordar que las conclusiones obtenidas no son meras abstracciones teóricas, sino que interpelan directamente a la vida y a la conducta del individuo.

Constant cumple una función decisiva en la economía global de la obra: impide que *Cartas a Constant* sea leída como una exposición doctrinal cerrada. Al mantenerse siempre en el horizonte del diálogo, el texto conserva un carácter abierto, invitando al lector a ocupar el lugar del destinatario y a repetir por sí mismo el recorrido argumentativo. Así, Constant no es solo un personaje ficticio, sino una invitación permanente al lector a convertirse en interlocutor activo y responsable del pensamiento de Fichte.

Estructura y desarrollo de la obra

Cartas a Constant presenta una arquitectura cuidadosamente progresiva, en la que la forma epistolar no es un simple envoltorio literario, sino el medio adecuado para desplegar un razonamiento filosófico que avanza por esclarecimiento gradual, corrección de falsas suposiciones y delimitación cada vez más precisa del objeto de estudio. La obra se organiza en una serie de cartas numeradas que, sin ser independientes, forman un continuo argumentativo en el que cada una retoma lo anterior, lo depura y lo conduce a un nivel superior de claridad conceptual. Esta continuidad confiere al texto una unidad interna muy fuerte, pese a su apariencia fragmentaria.

En las primeras cartas, Fichte establece el marco metodológico fundamental: la distinción entre lo que la masonería es empíricamente –es decir, lo que puede constatarse históricamente a través de rituales, sistemas y testimonios– y lo que puede y debe ser según la razón. Desde el inicio queda claro que la investigación no será histórica ni descriptiva, sino normativa y filosófica. Estas cartas iniciales cumplen una función preparatoria decisiva, pues liberan al lector de la expectativa de encontrar revelaciones sobre secretos masónicos y lo sitúan en el terreno de la legitimidad racional de una institución.

A partir de este punto, el desarrollo de la obra adopta un movimiento ascendente. Fichte introduce primero el concepto central de la formación humana (*Bildung*[3]) y expone cómo la sociedad civil, por su propia estructura, produce necesariamente una educación unilateral y

---

[3] *Bildung* es un concepto central de la tradición filosófica alemana de finales del siglo XVIII y comienzos del XIX. No se limita a «educación» en sentido escolar o pedagógico, sino que designa el proceso integral de formación del ser humano como totalidad: intelectual, moral, práctica y social. En Fichte, *Bildung* implica la autoconstrucción consciente del individuo conforme a la razón y la libertad, en interacción con la sociedad, pero sin quedar reducido a una función parcial dentro de ella. La crítica fichteana apunta precisamente a que la sociedad civil moderna tiende a producir formas de *Bildung* fragmentarias y funcionales, ligadas al estamento o profesión, en detrimento de una formación plenamente humana.

fragmentaria. Sobre esta base, argumenta la necesidad de una institución complementaria, separada de la sociedad ordinaria, cuyo fin sea corregir esa unilateralidad y reconducir la formación hacia lo plenamente humano. Este momento constituye el núcleo teórico de la obra y articula su justificación principal de la masonería como posibilidad racional.

Las cartas intermedias amplían y precisan esta idea mostrando qué no puede ser la masonería sin traicionarse a sí misma. Fichte descarta sistemáticamente una serie de fines espurios que históricamente se le han atribuido: la política, la reforma directa del Estado, la conspiración, la difusión de doctrinas religiosas particulares, el iluminismo militante, el esoterismo fantástico o la búsqueda de ventajas materiales. Este procedimiento negativo es esencial para la claridad del conjunto, pues permite aislar el único fin legítimo posible mediante eliminación rigurosa de alternativas.

En una fase posterior, la obra se orienta hacia el análisis del modo en que una institución así concebida puede actuar sobre el individuo y sobre el mundo sin contradecir sus propios principios. Fichte explica cómo la masonería no produce directamente moralidad, religión o virtud –que pertenecen al ámbito de la libertad interior–, pero sí puede preparar al individuo para ellas mediante una formación intelectual y práctica adecuada. Aquí se desarrollan con mayor detalle los temas del ejemplo, del carácter, de la madurez humana y de la relación entre educación, libertad y responsabilidad.

Las últimas cartas amplían el horizonte histórico y reflexivo, introduciendo la cuestión de las tradiciones iniciáticas, la transmisión oral, el simbolismo y la relación entre cultura pública y cultura secreta. Sin afirmar hechos históricos concretos, Fichte muestra que la existencia de instituciones de este tipo es una consecuencia casi necesaria del desarrollo de la civilización. Esta parte final no añade un nuevo núcleo doctrinal, sino que refuerza retrospectivamente la coherencia de todo lo anterior y sitúa la masonería en una perspectiva histórica amplia, sin depender de mitos fundacionales ni de genealogías ocultas.

La obra avanza como un proceso de purificación conceptual: comienza con una pregunta aparentemente simple, se libera progresivamente de equívocos, reduce el campo de posibilidades y culmina en una definición estricta de la masonería como idea racional. La estructura epistolar permite que este proceso se presente no como una imposición dogmática, sino como una investigación compartida, en la que cada paso parece surgir de la necesidad interna del razonamiento. De este modo, la forma y el contenido de *Cartas a Constant* coinciden plenamente: la obra, aparte de exponer una concepción de la masonería, ejemplifica, en su propio desarrollo, el ideal de claridad, consecuencia y formación que defiende.

Idea central de la obra

La idea central de *Cartas a Constant* puede formularse con precisión en una tesis única que atraviesa toda la obra y le da coherencia: la francmasonería, entendida racionalmente, no es ni puede ser una doctrina secreta, ni una religión alternativa, ni un proyecto político, ni un sistema esotérico, sino una institución formativa destinada a corregir la unilateralidad inevitable de la educación producida por la sociedad civil, orientando al individuo hacia una formación plenamente humana y armónica.

Fichte parte de una constatación fundamental: la sociedad organizada –con sus Estados, profesiones, estamentos, iglesias y funciones especializadas– produce necesariamente hombres parciales. Cada individuo es educado para un fin determinado, para un rol concreto dentro del todo social, y esa educación, aunque eficaz y necesaria, sacrifica la totalidad de la persona. La especialización, indispensable para el funcionamiento de la sociedad, engendra al mismo tiempo una fragmentación del ser humano. El núcleo del problema no es moral ni accidental, sino estructural: incluso una sociedad bien ordenada genera este efecto.

La masonería aparece entonces, no como una corrección externa de la sociedad ni como una fuerza rival, sino como una institución suplementaria, separada pero no hostil, cuyo único fin legítimo es reconducir esa formación parcial hacia lo universalmente humano. No pretende sustituir a la sociedad civil ni intervenir directamente en sus fines, sino actuar allí donde la sociedad, por su propia naturaleza, no puede actuar: en la reunificación interior del individuo, más allá de su función social concreta.

Desde esta perspectiva, Fichte redefine radicalmente el sentido mismo de la masonería. Su finalidad no es producir hombres «mejores» en sentido moral inmediato, ni ciudadanos más obedientes, ni creyentes más piadosos, ni sabios más eruditos. Tampoco consiste en transmitir verdades ocultas ni en preservar secretos valiosos por sí mismos. Su función es más sutil y, al mismo tiempo, más exigente: crear un espacio en el que hombres ya formados por la sociedad puedan volver a encontrarse como hombres, desprendiéndose provisionalmente de las determinaciones unilaterales que esa misma sociedad les ha impuesto.

La idea central implica, además, una consecuencia decisiva: la masonería no puede tener un contenido positivo fijo, doctrinal o dogmático. No es un sistema de ideas cerrado, ni una enseñanza revelada, ni una tradición que se conserve por su mera antigüedad. Su legitimidad no proviene del pasado, sino de la razón; no de lo que ha sido, sino de lo que puede y debe ser. Por eso Fichte insiste en distinguir entre la masonería empírica –histórica, múltiple, a menudo contradictoria– y la masonería como idea racional. Solo esta última es objeto legítimo de su reflexión.

En este sentido, *Cartas a Constant* no ofrece una apología ingenua de la masonería existente, sino una medida crítica frente a la cual toda forma histórica de masonería debe ser juzgada. Allí donde una obediencia, un rito o un sistema masónico se aparta de este fin formativo universal y se convierte en política encubierta, moralismo, misticismo, filantropía sentimental o simple sociabilidad, deja de ser masonería en sentido propio, aunque conserve el nombre.

La idea central de la obra se articula con la concepción fichteana del ser humano como ser libre, llamado a realizar activamente su humanidad. La masonería no crea esa libertad ni la sustituye, pero puede favorecer su desarrollo proporcionando un marco en el que el individuo aprenda a pensar más allá de su oficio, su confesión, su nación o su clase. Así entendida, la masonería no es un fin último, sino un medio transitorio, válido solo mientras la sociedad misma no sea capaz de ofrecer una formación verdaderamente integral. En el horizonte último, su propia desaparición sería la prueba de su éxito.

Filosofía de la historia y de la sociedad

La filosofía de la historia y de la sociedad que subyace en *Cartas a Constant* es uno de los pilares más profundos y, al mismo tiempo, menos explícitos de la obra. Fichte no se limita a reflexionar sobre la masonería como institución aislada, sino que la inserta en una visión dinámica del desarrollo histórico de la humanidad, entendida como un proceso racional y teleológico. La historia no es para él una mera sucesión de hechos contingentes, ni una acumulación de tradiciones, sino el escenario en el que la razón humana se despliega progresivamente bajo condiciones siempre imperfectas.

En esta concepción, la sociedad civil organizada es un momento necesario del desarrollo histórico. El Estado, los estamentos, las profesiones, las iglesias y las instituciones culturales surgen como respuestas racionales a necesidades reales de convivencia, orden y progreso. Sin embargo, esa misma racionalización de la vida social tiene un precio inevitable: la fragmentación del ser humano. La historia avanza mediante la especialización, y cada avance en eficacia social implica una pérdida en totalidad humana. Fichte no condena este proceso; lo considera inevitable y, hasta cierto punto, beneficioso. Lo que rechaza es la ilusión de que ese estado pueda ser definitivo.

La filosofía histórica de la obra se articula así en una tensión constante entre necesidad y límite. Las formas históricas de organización social son necesarias en su momento, pero ninguna puede erigirse en expresión plena de la humanidad. Toda configuración histórica contiene en sí misma los gérmenes de su insuficiencia, y es precisamente esa insuficiencia la que impulsa el movimiento ulterior de la historia. La masonería, tal como Fichte la concibe, surge de ese punto de tensión: no como una alternativa al Estado o a la sociedad civil, sino como un correctivo provisional de sus efectos colaterales.

Desde este punto de vista, la masonería pertenece plenamente a la historia, pero ocupa en ella un lugar peculiar. No es un motor directo del progreso histórico, ni un sujeto colectivo que actúe sobre los acontecimientos políticos o sociales. Su función es indirecta, casi invisible: formar individuos capaces de no absolutizar su tiempo, su nación, su confesión o su función social. En términos históricos, la masonería trabaja sobre la conciencia, no sobre las estructuras. Por eso Fichte insiste en que cualquier intento de convertirla en fuerza política, religiosa o reformadora de la sociedad es una perversión de su sentido.

La historia, para Fichte, avanza cuando los individuos adquieren una comprensión más amplia de su lugar en el todo humano. Esta ampliación no se produce por acumulación de conocimientos históricos ni por adhesión a doctrinas heredadas, sino por una transformación interior del modo de pensar. La masonería se justifica históricamente solo en la medida en que favorece esa transformación, ayudando al individuo a situarse conscientemente en el flujo histórico sin quedar prisionero de ninguna de sus formas transitorias.

Hay en la obra una concepción marcadamente crítica del progreso. Fichte no comparte una visión ingenuamente optimista según la cual la historia avance automáticamente hacia estados cada vez mejores. El progreso es posible, pero no está garantizado; depende de la acción racional y libre de los individuos. Las instituciones pueden facilitar o dificultar ese progreso, pero nunca sustituirlo. De ahí que la masonería no sea presentada como culminación de la historia, sino como un recurso histórico condicionado, válido solo mientras subsistan las limitaciones que pretende corregir. Por ello, la filosofía de la historia que se desprende de *Cartas a Constant* es coherente con la idea fichteana de que el fin último de la humanidad no se realiza plenamente en la historia empírica. La historia es el ámbito del trabajo, del conflicto y de la formación, no de la consumación. La masonería, en tanto institución histórica, participa de esa misma condición: es un medio, no un fin; un instrumento del devenir humano, no su término. En esta perspectiva, la verdadera fidelidad al espíritu de la masonería no consiste en conservar sus formas históricas, sino en comprender su función histórica y estar dispuesto, llegado el momento, a dejarla atrás.

Religión, moral y libertad

La reflexión de Fichte sobre la religión, la moral y la libertad constituye uno de los núcleos más delicados y exigentes de *Cartas a Constant*, y es también uno de los puntos donde su pensamiento se distancia con mayor claridad tanto de la religiosidad institucional como de las interpretaciones morales dominantes de su tiempo. En la obra, estos tres conceptos no aparecen como ámbitos separados, sino como dimensiones íntimamente trabadas de una misma experiencia fundamental: la autoconciencia del ser humano como sujeto libre. Fichte parte de una distinción radical entre moralidad y toda forma de comportamiento regulado externamente. La moral auténtica no puede ser enseñada, transmitida ni producida por medios sociales, pedagógicos o rituales. No es el resultado de la obediencia a normas, ni del temor al castigo, ni de la esperanza de recompensa, ni siquiera de la adhesión racional a un sistema ético. La moralidad consiste exclusivamente en el acto interior por el cual el sujeto se determina libremente a cumplir el deber por el deber mismo. Todo lo que se apoye en motivos externos –incluidos los religiosos– pertenece, en el mejor de los casos, al ámbito de la legalidad y de la corrección social, pero no al de la moral en sentido estricto.

Esta concepción conduce a una afirmación contundente: no existe una moral masónica específica, ni puede existir. La masonería, como cualquier forma de asociación humana, carece de todo acceso legítimo al núcleo de la libertad moral. Allí donde una sociedad pretende producir, vigilar o administrar la virtud interior, se convierte inevitablemente en una caricatura ética o en una forma encubierta de coacción espiritual. Por esta razón, Fichte sostiene que incluso la masonería debe reconocer un límite infranqueable: la libertad moral del individuo es un ámbito sagrado en el que ninguna institución puede intervenir sin profanarlo.

La religión, por su parte, ocupa una posición igualmente precisa y cuidadosamente delimitada. Fichte distingue entre la religión como vivencia interior y la religión como sistema histórico, confesional o eclesiástico. Esta última pertenece plenamente al orden social y, como tal, está sometida a las mismas limitaciones, deformaciones y contingencias que cualquier otra institución histórica. La primera, en cambio, no es una doctrina ni una práctica separada del resto de la vida, sino la forma última bajo la cual el sujeto interpreta el sentido de su obrar moral en el mundo.

En *Cartas a Constant*, la religión no aparece como un medio para producir moralidad, ni como un instrumento de consuelo psicológico, ni como un recurso para estabilizar el orden social. Todas estas funciones, que históricamente se le han atribuido, son consideradas por Fichte como usos secundarios o incluso como deformaciones de su esencia. La verdadera religión no empuja al individuo a actuar moralmente; surge, más bien, como consecuencia de la acción moral libremente asumida. El sujeto no actúa bien porque cree, sino que cree porque actúa bien y reconoce, en la estructura del mundo, una racionalidad que no se agota en el orden visible.

Esta inversión es decisiva. La religión auténtica no es un objeto de reflexión constante ni una esfera separada de la vida práctica. No se manifiesta en ejercicios devocionales, ni en discursos edificantes, ni en una autoobservación espiritual permanente. Se manifiesta, de forma silenciosa, en la confianza racional con la que el individuo cumple su deber en el mundo, aun cuando el curso de los acontecimientos parezca contradecirlo. En este sentido, la religión no se «usa» para tranquilizar el ánimo ni para explicar el fracaso aparente de la acción moral; es la atmósfera invisible en la que esa acción adquiere sentido último.

La libertad es el eje que articula esta concepción. Para Fichte, la libertad no es una facultad entre otras, ni una propiedad psicológica, sino la esencia misma del ser humano. Ser libre significa ser capaz de autodeterminación moral, y toda reducción de la libertad a inclinaciones, condicionamientos sociales o mandatos externos constituye una negación de la dignidad humana. La masonería, en la medida en que es fiel a su verdadera vocación, no debe crear sistemas morales ni doctrinas religiosas propias, sino contribuir a eliminar los obstáculos que impiden al individuo reconocerse como sujeto libre.

Así entendida, la relación entre religión, moral y libertad define también el carácter profundamente antiautoritario del pensamiento de Fichte en esta obra. No hay mediadores necesarios entre el individuo y el deber, ni entre el individuo y el sentido último de su acción. Toda institución –incluida la masonería– solo tiene legitimidad en la medida en que prepara, acompaña o protege ese espacio de libertad, sin pretender jamás ocuparlo. Cuando olvida este límite, deja de servir a la humanidad y se convierte en una nueva forma de tutela espiritual.

En *Cartas a Constant*, esta concepción no se presenta como una teoría abstracta, sino como una exigencia práctica dirigida tanto al lector como a la propia masonería. El ideal que se perfila no es el del hombre piadoso, ni el del ciudadano obediente, ni el del iniciado poseedor de secretos, sino el del individuo que actúa moralmente por convicción interior, piensa religiosamente sin dogmatismo y permanece libre frente a toda forma de autoridad que pretenda sustituir su propia responsabilidad.

Estado, derecho y cosmopolitismo

En *Cartas a Constant*, Fichte aborda la cuestión del Estado y del derecho desde una perspectiva que se sitúa deliberadamente entre dos extremos que considera igualmente erróneos: por un lado, el legalismo estrecho que absolutiza el orden estatal existente; por otro, un cosmopolitismo abstracto que desprecia las instituciones concretas en nombre de una humanidad concebida de forma vaga e irreal. Su reflexión no busca formular un programa político inmediato, sino esclarecer la actitud interior que corresponde al individuo moralmente formado frente al Estado, la ley y la comunidad humana en su conjunto.

El punto de partida es una afirmación fundamental: el Estado y el derecho pertenecen plenamente al ámbito de los fines legítimos del ser humano en el mundo sensible. No son realidades meramente instrumentales ni males necesarios, sino formas racionales mediante las cuales la libertad puede adquirir una existencia externa y objetiva. El derecho no crea la moralidad, pero hace posible la convivencia entre seres libres en un mundo donde la moralidad no puede ser presupuesta universalmente. Allí donde no hay virtud interior, el derecho es indispensable; y aun allí donde la virtud existe, el derecho sigue siendo necesario como estructura común.

Fichte subraya con insistencia que el individuo moralmente formado no se sitúa por encima del Estado ni frente a él como juez soberano. La obediencia a las leyes positivas no es, para él, una concesión oportunista ni una sumisión acrítica, sino una exigencia racional derivada de la pertenencia a una comunidad jurídica. Incluso cuando las leyes son imperfectas, incluso cuando la constitución dista de encarnar el ideal del derecho puro, el deber del ciudadano sigue siendo obedecerlas, porque el desorden jurídico es siempre peor que un orden defectuoso. La crítica abstracta que no se traduce en responsabilidad práctica le parece una forma de inmadurez moral.

Solo existe, en su planteamiento, un límite infranqueable: cuando el mandato del Estado entra en contradicción directa y manifiesta con el derecho mismo, es decir, cuando exige una injusticia evidente, entonces el individuo debe negarse a obedecer, aun a costa de su propia destrucción. Esta resistencia no se fundamenta en una supuesta superioridad moral del individuo sobre la ley, sino en la fidelidad al principio racional del derecho, que precede a toda legislación positiva. Pero Fichte insiste en que este caso es extremo y excepcional, y no puede convertirse en coartada para una actitud general de desobediencia o de desprecio hacia el orden estatal.

Desde esta concepción se comprende su crítica tanto al patriotismo excluyente como al cosmopolitismo vacío. El patriotismo que absolutiza el propio Estado, que considera su interés como fin último y que legitima cualquier acción en nombre de la nación, es para Fichte una perversión moral. La historia ofrece ejemplos claros de este desvío, en el que la fidelidad al Estado se transforma en idolatría política y en justificación de la violencia. Un Estado así deja de ser medio para la humanidad y se convierte en fin en sí mismo.

Pero el cosmopolitismo que rechaza toda pertenencia concreta le parece igualmente ilusorio y estéril. Amar a la humanidad en abstracto, mientras se descuidan las obligaciones reales hacia el propio Estado, la propia ciudad o la propia función social, no es una forma superior de moralidad, sino una huida. La humanidad no existe como totalidad operativa fuera de sus encarnaciones concretas; solo puede ser servida eficazmente a través de instituciones determinadas y de relaciones jurídicas reales.

La posición de Fichte articula ambos polos mediante una jerarquía clara. El Estado concreto es el ámbito inmediato de la acción; la humanidad es el horizonte último del sentido. El individuo moralmente formado actúa como ciudadano fiel de su Estado, no porque este sea absoluto, sino precisamente porque es una parte del todo humano. Su obediencia no es ciega ni fanática, sino consciente y racional: obedece sabiendo que, al hacerlo, contribuye al progreso del derecho en la humanidad entera.

Este equilibrio entre patriotismo activo y cosmopolitismo interior define la actitud que Fichte atribuye al verdadero masón, no como miembro de una organización política, sino como ser humano formado en una perspectiva más amplia que la de su propio estamento o nación. La masonería, en la medida en que cumple su función, no sustituye al Estado ni compite con él; prepara individuos capaces de servir mejor al Estado precisamente porque no lo absolutizan, porque lo ven como una etapa histórica dentro de un proceso más amplio de racionalización del mundo humano.

En última instancia, el Estado, el derecho y el cosmopolitismo aparecen en *Cartas a Constant* como dimensiones complementarias de una misma exigencia moral:

hacer posible, en el ámbito de la historia y de las instituciones, la realización progresiva de la libertad. El Estado proporciona la forma, el derecho fija los límites y el cosmopolitismo aporta el sentido. Separados, se deforman; unidos, ofrecen al individuo un marco en el que puede actuar con responsabilidad, sin perder de vista ni lo concreto ni lo universal.

Trabajo, técnica y dominio racional de la naturaleza

En *Cartas a Constant*, el trabajo y la técnica no ocupan un lugar marginal ni meramente económico, sino que forman parte esencial del proyecto filosófico de Fichte sobre el destino del ser humano en el mundo sensible. El dominio racional de la naturaleza constituye, junto con la religión moral y el orden jurídico, uno de los grandes fines históricos de la humanidad. No es un dominio arbitrario ni despótico, sino de la progresiva subordinación de la naturaleza ciega y mecánica a los fines de la razón y de la libertad.

Fichte parte de la idea de que la naturaleza, considerada en sí misma, es indiferente a los fines humanos. Está regida por leyes necesarias, carentes de intención moral. Precisamente por ello, el ser racional no puede limitarse a contemplarla o padecerla, sino que está llamado a transformarla. El trabajo aparece así como la mediación fundamental entre la libertad interior del hombre y el mundo exterior. Mediante el trabajo, la razón imprime forma a la materia, introduce orden allí donde hay mera causalidad, y convierte el mundo natural en un ámbito habitable para la vida moral.

Este proceso no debe entenderse como una oposición hostil entre el hombre y la naturaleza, sino como una relación pedagógica. La resistencia de la naturaleza es lo que permite al ser humano ejercitar sus capacidades, disciplinar su voluntad y adquirir conciencia de su propia eficacia racional. El esfuerzo técnico y productivo no es solo un medio para satisfacer necesidades, sino una escuela de formación interior. El trabajo tiene un valor ético indirecto: no hace moral al individuo, pero lo prepara para la moralidad al habituarlo a la constancia, la atención y la subordinación de los impulsos inmediatos a fines racionales.

Fichte insiste en que ninguna actividad humana es despreciable cuando se la considera desde este punto de vista. No existe una jerarquía absoluta entre trabajos «nobles» e «innobles». Tanto la labor intelectual como la manual contribuyen, cada una a su modo, al avance del dominio racional sobre la naturaleza. El agricultor que cultiva la tierra con fidelidad a su tarea, el artesano que perfecciona su oficio, el técnico que introduce mejoras en los procesos productivos, participan todos en el mismo movimiento histórico, aunque sus funciones sean distintas.

El criterio decisivo no es el prestigio social de la actividad, sino la seriedad y la conciencia con que se realiza.

Esta concepción permite a Fichte rechazar dos desviaciones opuestas. Por un lado, critica la idealización romántica de la naturaleza como algo sagrado e intocable, que convertiría al ser humano en un espectador pasivo del mundo. Por otro, rechaza una visión puramente utilitarista de la técnica, en la que el dominio de la naturaleza se persigue solo por afán de beneficio, poder o comodidad. En ambos casos se pierde de vista el sentido racional del trabajo como momento necesario del desarrollo humano.

El dominio de la naturaleza, tal como lo concibe Fichte, es esencialmente histórico y colectivo. Ningún individuo puede realizarlo por sí solo. Cada generación hereda los avances técnicos de las anteriores y los amplía, integrándose en una cadena de esfuerzos que atraviesa los siglos. El progreso técnico no es lineal ni exento de errores, pero expresa una tendencia constante: la ampliación del ámbito en el que la razón puede actuar eficazmente. Desde esta perspectiva, incluso los fracasos y los retrocesos forman parte de un aprendizaje histórico más amplio.

En relación con la masonería, este tercer gran fin de la humanidad adquiere un significado específico. La formación masónica, tal como la entiende Fichte, no pretende apartar al individuo del mundo del trabajo ni elevarlo a una esfera puramente contemplativa. Al contrario, busca conferirle un punto de vista desde el cual pueda valorar su propia actividad práctica como parte de un proceso universal. El masón no abandona su oficio ni su función social; aprende a comprenderlos como contribuciones reales al progreso de la humanidad, siempre que estén guiados por la razón y no por la mera ganancia o el orgullo.

Así, trabajo, técnica y dominio racional de la naturaleza se integran en *Cartas a Constant* como una dimensión indispensable de la filosofía de la historia fichteana. No son un fin último, pero sí una condición necesaria para que la libertad pueda manifestarse en el mundo sensible. La naturaleza sometida a la razón no es el término del camino, sino el escenario en el que la humanidad puede avanzar hacia formas más altas de organización moral y jurídica, haciendo del mundo no solo un lugar de supervivencia, sino un espacio progresivamente adecuado a la dignidad del ser racional.

Estilo, lenguaje y problemas de traducción

Cartas a Constant presenta un estilo singular dentro de la obra de Fichte, claramente diferenciado tanto de sus escritos estrictamente sistemáticos como de sus textos político-didácticos más inmediatos. El autor adopta deliberadamente la forma epistolar, no como un simple recurso literario, sino como una estrategia filosófica: la exposición avanza mediante una conversación razonada, dirigida a un interlocutor concreto, lo que le permite modular el tono, anticipar objeciones y corregir malentendidos sin recurrir a la rigidez del tratado académico. Este carácter dialogal confiere al texto una notable claridad conceptual, pero también una densidad reflexiva que exige del lector atención constante.

El lenguaje de Fichte en esta obra es sobrio, preciso y cuidadosamente construido. Evita, en la medida de lo posible, el tecnicismo excesivo propio de la *Doctrina de la Ciencia*, aunque no renuncia a la exactitud filosófica. Los conceptos fundamentales –humanidad, formación, razón, libertad, fin, sociedad– se repiten de manera insistente, pero nunca de forma mecánica: cada reiteración añade un matiz nuevo, fruto del progreso argumentativo. Este uso reiterativo, tan característico de Fichte, no responde a pobreza expresiva, sino a una concepción pedagógica del pensamiento, según la cual la verdad debe ser rodeada y retomada desde distintos ángulos para ser realmente comprendida.

Desde el punto de vista sintáctico, el texto conserva rasgos propios del alemán filosófico de finales del siglo XVIII y comienzos del XIX. Las frases son largas, articuladas mediante subordinaciones complejas, incisos explicativos y oposiciones cuidadosamente equilibradas. Esta estructura permite una gran precisión lógica, pero plantea dificultades considerables al trasladarla a lenguas romances, donde la reproducción literal puede generar oscuridad o fatiga lectora. El traductor se enfrenta así a una tensión constante entre fidelidad formal y claridad expresiva.

Uno de los principales problemas de traducción reside en el vocabulario filosófico fichteano, que utiliza términos comunes cargándolos de un sentido técnico muy específico. Palabras como *Bildung, Zweck, Vernunft, Gesetz, Freiheit* o *Menschheit* no admiten equivalentes simples y unívocos en español. Cada elección traductora implica una interpretación, y pequeñas variaciones pueden alterar sensiblemente el alcance conceptual del texto. A ello se añade el hecho de que Fichte emplea estos términos de manera dinámica, ajustando su significado según el contexto argumentativo, lo que exige una coherencia terminológica muy rigurosa a lo largo de toda la obra.

Otro desafío importante es el tono. *Cartas a Constant* no es un texto neutral ni impersonal: está atravesado por exhortaciones, ironías discretas, advertencias morales y un constante llamamiento a la responsabilidad intelectual del lector. Traducir este tono requiere evitar tanto la excesiva solemnidad como la banalización. Una traducción demasiado literaria corre el riesgo de diluir la fuerza filosófica; una excesivamente literal puede volver el texto rígido y poco natural en español. El equilibrio entre ambas exigencias es particularmente delicado en los pasajes en los que Fichte combina razonamiento abstracto con imágenes, metáforas o ejemplos históricos.

Especial atención merecen también las citas implícitas, los latinismos y las alusiones culturales propias de la época. Fichte presupone en su lector una formación humanística amplia, familiarizada con la Biblia, la filosofía clásica, la Ilustración y las polémicas contemporáneas sobre masonería, religión y política. Muchas de estas referencias no son explícitas, lo que obliga al traductor y al editor a decidir cuándo es necesaria una nota aclaratoria y cuándo conviene dejar al texto operar por sí mismo, respetando su densidad original.

El problema de la traducción, además, no es solo lingüístico, sino conceptual. *Cartas a Constant* es una obra de transición, en la que Fichte reformula su pensamiento sistemático en un registro más histórico y práctico. Traducirla exige captar ese movimiento interno: no es cuestión únicamente de verter palabras de una lengua a otra, sino de reconstruir un proceso argumentativo vivo, dirigido a formar al lector y no solo a informarlo. Una buena traducción debe, por tanto, aspirar a reproducir no solo lo que Fichte dice, sino cómo y para qué lo dice, conservando la exigencia intelectual que constituye uno de los rasgos más distintivos de la obra.

Recepción y fortuna del texto

La recepción de *Cartas a Constant* ha sido irregular y, en cierto sentido, paradójica. A pesar de tratarse de una de las exposiciones más claras, extensas y maduras del pensamiento práctico e histórico de Fichte, la obra no ocupó desde el inicio un lugar central en el canon fichteano. Durante el siglo XIX fue leída, cuando lo fue, más como un escrito ocasional vinculado a la masonería que como una pieza filosófica de primer orden. Este encasillamiento contribuyó a que quedara en un segundo plano frente a textos más sistemáticos, como la *Doctrina de la Ciencia* o los *Discursos a la nación alemana*, considerados más representativos del núcleo doctrinal del autor.

En los círculos masónicos, la fortuna del texto fue igualmente ambigua. Por un lado, fue valorado como una de las reflexiones filosóficas más profundas jamás escritas sobre el sentido de la masonería, especialmente por aquellos sectores que aspiraban a una comprensión ética y universalista de la Orden, alejada tanto del ocultismo como de la política conspirativa. Por otro lado, su radical exigencia moral, su rechazo de toda instrumentalización y su negación de fines externos hicieron que resultara incómodo para muchas obediencias y sistemas concretos, que difícilmente podían reconocerse en el ideal fichteano. Esto explica que la obra fuera citada con respeto, pero raramente asumida como texto normativo o inspirador de reformas reales.

En el ámbito académico, el interés por *Cartas a Constant* se reactivó de manera significativa a lo largo del siglo XX, especialmente a partir de los estudios sobre el

Fichte tardío y sobre su filosofía de la historia y de la intersubjetividad. Los investigadores comenzaron a reconocer que estas cartas no constituyen un apéndice menor, sino un laboratorio conceptual en el que Fichte articula, de forma accesible pero rigurosa, temas fundamentales de su pensamiento: la formación del ser humano, la función social de las instituciones, la relación entre individuo y comunidad, y el papel de las asociaciones intermedias en el progreso moral de la humanidad. En este contexto, la obra empezó a ser leída como un puente entre la filosofía trascendental y la teoría social moderna.

Sin embargo, su difusión siguió siendo limitada, en parte por razones editoriales y en parte por la dificultad del texto mismo. No es una obra fácil ni inmediatamente seductora: exige una lectura atenta, una familiaridad mínima con el vocabulario filosófico de la época y una disposición a seguir razonamientos largos y cuidadosamente encadenados. Estas características han hecho que su público haya sido siempre reducido, pero también particularmente cualificado. Allí donde ha sido leída con detenimiento, ha ejercido una influencia duradera, aunque silenciosa.

En el ámbito de las traducciones, la fortuna del texto ha sido desigual. Durante mucho tiempo circularon versiones parciales o poco cuidadas, a menudo mediadas por intereses masónicos más que filosóficos, lo que contribuyó a una comprensión fragmentaria y, en ocasiones, distorsionada de la obra. Solo recientemente se ha empezado a prestar atención a la necesidad de traducciones críticas, fieles tanto al contenido conceptual como al tono original, acompañadas de notas que sitúen el texto en su contexto histórico e intelectual.

Hoy, *Cartas a Constant* es reconocida cada vez más como una obra clave para comprender no solo a Fichte, sino una determinada tradición del pensamiento moderno que concibe la filosofía como tarea formativa, dirigida a la humanidad en su conjunto y no restringida al ámbito académico. Su fortuna actual no reside en una amplia difusión, sino en una revalorización cualitativa: quienes se acercan a ella descubren un texto de extraordinaria coherencia, exigencia y actualidad, cuya recepción, aunque tardía, parece destinada a consolidarse en el largo plazo.

Actualidad filosófica de la obra

La actualidad filosófica de *Cartas a Constant* no reside en la pertenencia a un debate circunstancial del primer tercio del siglo XIX, sino en la profundidad con la que Fichte formula problemas que siguen siendo estructurales en la modernidad tardía. Leída hoy, la obra sorprende por su capacidad para anticipar tensiones que atraviesan nuestras sociedades contemporáneas: la fragmentación del saber, la especialización extrema del trabajo, la crisis de las instituciones intermedias, la disociación entre moral privada y vida pública, y la dificultad de pensar una formación verdaderamente integral del ser humano en contextos altamente complejos.

Uno de los aspectos más actuales del texto es su crítica a la unilateralidad de la formación moderna. Fichte describe un proceso que hoy reconocemos con claridad: la reducción del individuo a funciones parciales, roles técnicos o identidades profesionales que, aun siendo necesarias para el funcionamiento social, empobrecen la experiencia humana cuando se absolutizan. La idea de que la sociedad produce individuos eficaces pero incompletos, y de que esa incompletud no puede resolverse ni por vía individualista ni mediante reformas puramente institucionales, conecta directamente con debates contemporáneos sobre educación, alienación, burnout y sentido del trabajo.

Igualmente vigente resulta su reflexión sobre las asociaciones no estatales como espacios de formación ética. Fichte no confía ni en el Estado ni en la Iglesia como instancias suficientes para la plena realización humana, pero tampoco cae en un individualismo autosuficiente. Propone, en cambio, una mediación comunitaria exigente, voluntaria y no instrumental, capaz de corregir las deformaciones producidas por la gran sociedad. Esta concepción dialoga de manera directa con teorías actuales sobre sociedad civil, comunidades deliberativas y estructuras intermedias, especialmente allí donde se percibe el agotamiento tanto del estatismo como del mercado como principios exclusivos de organización social.

En el plano moral, la radicalidad de Fichte conserva una fuerza singular. Su insistencia en que la moralidad no puede enseñarse, administrarse ni utilizarse como medio para otros fines resulta especialmente relevante en una época marcada por la moralización superficial del discurso público. Frente a la proliferación de códigos éticos, discursos de responsabilidad social y pedagogías morales externalizadas, *Cartas a Constant* recuerda que la moralidad auténtica es inseparable de la libertad interior y que toda tentativa de sustituirla por mecanismos externos conduce, en último término, a la hipocresía o al conformismo. También su concepción de la religión mantiene una sorprendente actualidad. Fichte propone una religiosidad no confesional, no institucionalizada, inseparable de la acción ética y completamente desprovista de función tranquilizadora o utilitaria. En un contexto contemporáneo en el que conviven tanto el retorno de fundamentalismos como formas difusas de espiritualidad instrumental, esta idea de una religión vivida como horizonte invisible de la acción, y no como objeto separado de creencia o práctica, ofrece una alternativa filosófica de notable profundidad.

La obra en sí conserva plena vigencia por su método. Fichte no escribe un tratado sistemático ni un panfleto doctrinal, sino una serie de cartas que simulan un diálogo riguroso, paciente y progresivo con un interlocutor no iniciado. Esta forma de exposición, que rehúye tanto el dogmatismo como la simplificación, constituye en sí misma una propuesta filosófica: pensar es acompañar un proceso de maduración, no imponer conclusiones. En una época marcada por la polarización, la simplificación extrema y la comunicación acelerada, *Cartas a Constant* ofrece un modelo de pensamiento lento, exigente y formativo que, por contraste, resulta extraordinariamente actual.

Así, la actualidad filosófica de la obra no se mide por su adaptación inmediata a los debates del presente, sino por su capacidad para iluminar, desde una gran distancia histórica, los mismos problemas fundamentales que seguimos enfrentando: qué significa ser plenamente humano en sociedad, cómo articular libertad y comunidad, y de qué modo puede la filosofía contribuir a esa tarea sin traicionarse a sí misma.

Criterios de la presente edición

La presente edición de *Cartas a Constant* se ha concebido con un doble objetivo: ofrecer un texto filosóficamente riguroso y filológicamente fiable, y hacerlo, al mismo tiempo, legible y coherente para el lector contemporáneo en lengua española. No se trata de una simple traducción instrumental, sino de una edición crítica orientada a restituir con la mayor fidelidad posible el pensamiento de Fichte, sin sacrificar claridad ni precisión conceptual.

El texto de partida es el original alemán de los años 1802-1803, respetado en su estructura, orden y desarrollo argumental. Se ha evitado cualquier reorganización temática o estilística que altere la progresión interna de las cartas, ya que esta progresión constituye una parte esencial del método expositivo de la obra. Las repeticiones, insistencias y retornos conceptuales propios de la escritura epistolar han sido conservados cuando cumplen una función filosófica, y solo se han suavizado mínimamente cuando se debían a peculiaridades sintácticas del alemán que entorpecían la comprensión en español. En la traducción se ha seguido un criterio de fidelidad conceptual antes que literal. Los términos clave del pensamiento fichteano se han traducido de forma consistente a lo largo de toda la obra, evitando variaciones estilísticas que pudieran oscurecer la continuidad conceptual. Cuando un término alemán admite varias traducciones posibles, se ha optado por aquella que mejor se integra en el conjunto del sistema filosófico de Fichte, aun a costa de renunciar a soluciones más habituales en el uso corriente. En los casos especialmente delicados, se han añadido notas aclaratorias que informan al lector del término original y de las alternativas interpretativas.

Se ha prestado especial atención al léxico masónico e histórico. Las denominaciones de obras, corrientes, sistemas y figuras históricas han sido revisadas cuidadosamente, contrastando las traducciones tradicionales con los títulos originales y su uso en la literatura especializada. Allí donde traducciones previas habían introducido errores, anacronismos o confusiones –especialmente frecuentes en el ámbito masónico– se han corregido, dejando constancia de ello mediante notas breves y precisas. El objetivo no ha sido polemizar con ediciones anteriores, sino ofrecer al lector una base terminológica sólida y verificable.

Las notas de esta edición cumplen una función estrictamente explicativa. No se ha añadido comentario interpretativo sistemático ni se ha pretendido guiar la lectura hacia una escuela o lectura doctrinal concreta. Las notas se limitan a aclarar referencias históricas, identificar obras citadas, explicar latinismos, precisar alusiones implícitas y, cuando es necesario, justificar determinadas decisiones de traducción. De este modo, el aparato crítico acompaña el texto sin imponerse sobre él.

Conviene señalar, asimismo, que algunas de las notas incluidas en esta obra pertenecen al propio autor. Estas se han identificado expresamente mediante la indicación «(N. del a.)» para distinguirlas de las notas editoriales.

En lo ortotipográfico, se han aplicado criterios actuales de la lengua española, actualizando la puntuación y la acentuación cuando ello mejora la legibilidad, pero sin alterar el ritmo ni la cadencia del original. Se ha evitado deliberadamente el uso de negritas como recurso enfático, siguiendo tanto el estilo sobrio de la obra como una concepción editorial que privilegia la continuidad del discurso filosófico sobre el subrayado visual. Los títulos de obras se presentan en cursiva, conforme a los usos editoriales actuales.

Finalmente, esta edición asume que *Cartas a Constant* no es un texto introductorio ni divulgativo en sentido estricto, sino una obra exigente, destinada a un lector dispuesto a acompañar un razonamiento progresivo y a aceptar la dificultad como parte de la experiencia filosófica. Los criterios adoptados buscan respetar esa exigencia, ofreciendo un texto que no simplifica a Fichte, pero que tampoco lo vuelve innecesariamente opaco. El lector encontrará así una versión pensada para durar, tanto en su fidelidad al original como en su capacidad de diálogo con el presente.

CARTAS A CONSTANT

PRIMERA CARTA

Recojo tu pregunta, Constant, y quiero responderte con toda la rigurosidad de que soy capaz a todo cuanto puedas preguntar. O bien me obligarás a abandonar mi inclinación por el asunto mediante una elucidación completa del mismo, o bien te obligarás tú a concederle tu respeto. Corramos ambos siempre este riesgo; ganaremos en verdad lo que acaso perdamos en opiniones preconcebidas. No olvidaré, por mi parte, que eres un no iniciado y que, por tanto, pierdes todas aquellas pequeñas ventajas que mi deducción podría obtener de tu sentimiento; pero olvida tú también tu erudición masónica y tus libros, y renuncia así a las supuestas ventajas que crees tener, por un eventual conocimiento histórico, sobre el masón que filosofa puramente.

No puedes exigir con justicia que te conceda otro conocimiento de la Orden que este: que existe. Lo que pretendes saber, a partir de tus libros, sobre la manera de su existencia, no puedo reconocerlo precisamente porque todas esas lecturas no han producido en ti conocimiento alguno, sino que te han enredado únicamente en contradicciones y dudas. ¿A cuál de tus autores habrías de dar crédito, cuando no posees un criterio para juzgarlos ni un medio para conciliarlos entre sí? Y por mucho que creas, o –como dices– estimes más o menos probable algo según la crítica histórica, me remito, sin embargo, a tu propio sentimiento cuando afirmo que tu verdadero conocimiento del asunto, en sentido estricto, no va más allá de su mera existencia.

Esto, sin embargo, me basta por completo. Te invito únicamente a que, partiendo de ese conocimiento firme, extraigas conclusiones igualmente firmes; y a que indaguemos, pues, qué es la Orden masónica en sí misma, o, más exactamente, no tanto lo que es de hecho, sino lo que puede ser en sí misma, o, si lo prefieres, lo que debe ser.

Esta pregunta puede sorprenderte, porque nunca te la has planteado; sin embargo, de acuerdo con lo dicho, es la única que verdaderamente puedes formularte. Lo que la Orden es, entiéndelo así si te basta, puedes conocerlo por obras como *La masonería diseccionada*[4]; lo que pue-

---

[4] En algunas de las primeras traducciones al español de *Cartas a Constant* se empleó erróneamente la expresión «francmasones destrozados» para aludir al célebre texto de revelación ritual *Masonry Dissected* de Samuel Prichard. El error procede de una mala interpretación del sentido de *dissected* –y de su equivalente alemán *zergliedert*–, que no alude a un despedazamiento físico, sino a una exposición analítica o disección intelectual de la masonería.

de ser, en cambio, sólo puedes extraerlo de una fuente más alta: tu propia razón. Pero aun cuando llegues a saberlo, si eres coherente contigo mismo no creerás que la Orden sea efectivamente, en sí misma, tal como –según tu convicción razonada– puede ser. Al menos, no podrás afirmarlo, aunque tampoco negarlo, pues para hacerlo sería necesario ser iniciado. Antes tendrías pleno derecho a actuar como legislador masónico que a sostener tal afirmación con algún fundamento.

Busquemos, pues, en este campo donde todo vacila, un punto firme sobre el cual nuestro pie pueda apoyarse con seguridad, y partamos de hechos indiscutidos.

Sabes que, en las primeras décadas del siglo XVIII, y concretamente en Londres, aparece públicamente una sociedad que probablemente había surgido con anterioridad, pero de la cual nadie sabe decir de dónde procede, qué es ni qué quiere. A pesar de ello, se difunde de manera incomprensible y rápida, y se extiende desde Francia y Alemania a todos los Estados de la Europa cristiana, e incluso a América. Hombres de todas las clases sociales –gobernantes, príncipes, nobles, eruditos, artistas y comerciantes– ingresan en su alianza; católicos, luteranos y calvinistas se dejan iniciar y se llaman entre sí hermanos.

Esta sociedad, que –no se sabe por qué, o al menos, como te ruego que creas, de forma muy fortuita– se denomina Sociedad de los Francmasones, atrae la atención de los gobiernos; es perseguida en la mayoría de los reinos, por ejemplo en Francia, Italia, los Países Bajos, Polonia, España, Portugal, Austria, Baviera y Nápoles; es objeto del anatema de dos papas; se ve por todas partes abrumada con las acusaciones más contradictorias, y se arroja sobre ella toda sospecha que resulta odiosa a la multitud y que la vuelve odiosa ante ella. Y, sin embargo, se mantiene en medio de todas estas tempestades; se extiende a nuevos reinos y es trasladada de las capitales a ciudades provinciales donde antes apenas se la conocía de nombre. Encuentra inesperadamente protección y apoyo en un lugar cuando en otro corre peligro de desaparecer. Allí es denunciada como enemiga de los tronos y promotora de revoluciones, y aquí gana la confianza de los mejores gobernantes.

Así llega hasta nuestros días. Ves cómo, en esta época, los miembros de esta sociedad se preguntan por fin con seriedad: ¿de dónde venimos?, ¿qué somos y qué queremos? Ves cómo se reúnen desde todas partes para responder a estas preguntas; cómo se miran unos a otros con semblante grave, esperando cada cual la respuesta de su vecino, y cómo finalmente todos, ya sea en voz alta o en silencio, confiesan que ninguno de los reunidos lo sabe. ¿Qué hacen entonces? ¿Regresan a casa, declaran a sus hermanos la ignorancia general, se liberan mutuamente de sus compromisos y se dispersan con cierta vergüenza? De ningún modo. La Orden continúa existiendo y sigue expandiéndose como antes.

La sociedad ha sufrido todavía cosas más duras. La pregunta por su secreto se volvió más apremiante. Este fue llevado al conocimiento general mediante escritos publicados, por ejemplo, exposiciones sobre el secreto descubierto de los francmasones, sobre la masonería derrocada, sobre la masonería traicionada[5]. Algunos elevan el propósito de ciertas sectas masónicas al grado de certeza completa; otros, tan solo al de probabilidad. Se llega entonces a la conclusión de que aquí y allá la masonería no ha servido sino como cobertura de fines reprobables, y se sacan a la luz esos fines de un modo fatal para ella[6].

¿Qué ocurre entonces? ¿Renuncian los francmasones a los secretos delatados y, para librarse de toda sospecha de propósitos deshonestos, cierran de pronto las logias y colocan las denuncias en la biblioteca de la logia? ¡En absoluto! La sociedad continúa como si no se hubiera pronunciado ninguna calumnia contra ella, como si nada se hubiera impreso sobre su nombre y como si hubiera conservado un silencio inviolable.

---

[5] Hubo tres obras de este tipo publicadas en Alemania entre 1742 y 1747. En este texto, Fichte probablemente se refiera a *Der entdeckte Frey-Maurer* (*El francmasón descubierto*), 1742. Es la primera gran obra alemana de este tipo, inspirada indirectamente en los *exposés* ingleses, y tuvo amplia difusión; *Der verrathene Frey-Maurer* (*El francmasón traicionado*), ca. 1745. Continúa la línea del anterior, insistiendo en la idea de que los supuestos secretos han sido revelados al público; y *Der gestürzte Frey-Maurer* (*El francmasón derrocado*), 1747. Se trata de una serie de publicaciones sensacionalistas que presentan a la masonería como una institución desacreditada o «destruida» por las revelaciones.

[6] Algunos estudios hacen suponer que aquí se hace referencia a la Estricta Observancia.

Finalmente, la sociedad se desgarra a sí misma en su interior: toda unidad cesa; se divide en sectas, a las que llama sistemas; se anatematizan mutuamente, se excomulgan unos a otros y repiten el juego de una Iglesia única salvadora. El honrado Servati[7] pregunta: «Y si yo quisiera hacerme francmasón, ¿dónde residen los verdaderos maestros?»; y no sabe dar respuesta alguna en su voluminoso libro, mientras que los masones de todos los colores y signos responden unánimemente: «¡En ninguna parte! ¡En ninguna parte sino entre nosotros!».

¿Qué ocurre entonces? El no iniciado, que hasta ese momento conservaba al menos respeto por el nombre de hermano, encuentra ahora ridículos a los masones que se persiguen y se anatematizan entre sí, y sobre la masonería cae algo peor que toda persecución: el frío sarcasmo y la burla del mundo refinado. ¿Se producirá ahora, sin duda, la disolución de esta sociedad extraordinaria? De nuevo, no. Subsiste y se propaga como siempre, y más de un hermano pusilánime, que se sonrojaría de pies a cabeza si en alguno de sus círculos se dijera que es francmasón, continúa acudiendo concienzudamente a la logia.

Mira, Constant, así están las cosas con la Orden cuyo secreto quieres desentrañar; una Orden contra la cual

---

[7] Johann August von Starck (conocido en algunas fuentes como Servati), autor alemán del siglo XVIII, publicó una voluminosa obra crítica sobre la historia y los sistemas de la masonería alemana (c. 1787). Fichte lo cita como ejemplo de investigador honesto que, pese a su erudición, no logra determinar dónde se hallan los «verdaderos maestros», poniendo de manifiesto la fragmentación interna de la masonería de su tiempo.

nada pueden la persecución y la burla, la ignorancia y la traición. Así como en ocasiones se ha dicho en broma que el mayor secreto de los francmasones es que no tienen ninguno, así puede decirse con pleno derecho que el secreto más manifiesto y, sin embargo, más secreto de los francmasones es que existen y que perduran. Pues ¿qué es, qué puede ser aquello que une a todos estos hombres, de las más diversas maneras de pensar, de vivir y de formarse, y los mantiene juntos entre mil dificultades, en esta época de ilustración y de enfriamiento?

Avancemos más y consideremos de cerca a estos hombres. Quizá sean todos cabezas débiles, visionarios, hipócritas, intrigantes o ambiciosos de poder que se han unido entre sí. Pues bien, entonces es comprensible cómo el astuto deshonesto puede aliarse con necios para dirigirlos a sus fines o, al menos, divertirse con su necedad; comprensible cómo el ambicioso puede atrapar al visionario en su afán de misterio y, para satisfacer su orgullo, someter a su mando a quien, por rango y consideración, está por encima de él; comprensible cómo el intrigante puede unirse a los débiles de espíritu para hacerles decir –y pagar– lo que le plazca. Pero ¡no! En todos los tiempos se encuentran en la Orden los hombres más sabios y honrados, los más respetables por talento, conocimientos y carácter; en todas partes hay varios –con certeza, al menos uno– entre los hermanos en cuyos brazos te arrojarías con plena confianza como al guía y conductor de tu vida.

Pero –no dejo de lado ninguna objeción posible– ese hombre sabio y honrado pudo haber ingresado en la Orden por algún azar y en algún arrebato juvenil, sin conocer su esencia interior. Llega a conocerla, descubre que no es nada y que desemboca en un juego pueril. No puede retirarse: cierta vanidad le impide presentarse como engañado; pero su vergüenza interior lo mueve a entregarse a una causa vacía y –se retira en silencio, sin llamar la atención. Si esta fuera la verdadera historia de todos los hombres honrados y sabios de la Orden, entonces estaríamos aquí al final de nuestras investigaciones; nos avergonzaríamos de haber concedido siquiera tanta atención a la Orden y la abandonaríamos, con una sonrisa compasiva, a los visionarios de buen corazón y a los intrigantes egoístas.

Pero no lo es, tan cierto como lo son tus experiencias y las mías. Los hombres verdaderamente sabios y honrados que conocemos han avanzado dentro de la Orden, se han ocupado seriamente de ella, han trabajado para ella y han llegado incluso a sacrificar otros fines importantes.

Y ahora me sitúo en el punto que considero firme y seguro para ti, no masón, y para toda razón consecuente:

Tan cierto como que siquiera un solo hombre indiscutiblemente sabio y virtuoso se haya ocupado seriamente de la Orden de los Francmasones, tan cierto es que este no es un juego, y tan seguro es que tiene un fin, y además un fin serio y elevado.

Así habríamos encontrado el punto de vista desde el cual podemos abarcar todo lo demás y avanzar con paso seguro.

Pero antes de hacerlo, te oigo decir: es cierto que hombres sabios y virtuosos se ocupan seriamente de la Orden; es un hecho. Pero ¿de qué se ocupan? ¿De la Orden tal como es, o de cómo y de qué puede llegar a ser, y precisamente por medio de ellos? ¿Trabajan quizá solo para hacer algo de ella y escribir en la *tabula rasa* de la francmasonería algo digno de ellos? Si esto fuera así, entonces con tu deducción no habrías probado sino lo ya conocido: que el sabio y el virtuoso no juegan, pero no habrías ganado nada para la francmasonería. Todo cuanto puedo ganar para ella en ti –y lo expreso así, puesto que no puedo responderte de otro modo, aunque para mi propósito final sea plenamente suficiente– lo formulo de este modo: tan cierto como que hombres sabios y virtuosos se hayan ocupado alguna vez seriamente de la Orden de los Francmasones, tan cierto es que este puede tener un fin racional, bueno y elevado.

Este fin –posible o real– queremos ahora encontrarlo, prosiguiendo por este camino. Pues lo que el hombre sabio y virtuoso puede querer, lo que necesariamente debe querer, podemos saberlo con certeza, dado que la sabiduría y la virtud son una sola y están determinadas por leyes eternas de la razón. Solo tenemos, por tanto, que investigar qué puede proponerse el hombre sabio y bueno en una asociación semejante y habremos encontrado, con certeza demostrativa, el único fin posible de la Orden de los Francmasones.

Reflexiona sobre ello, mi querido amigo, y dime si quieres emprender conmigo este viaje de descubrimiento. Tú velarás, sin duda, para que nuestra travesía avance sin desvíos ni extravíos, en línea recta hasta la meta. Adiós[8].

---

[8] Fichte concluye varias de estas cartas con la expresión alemana *Lebe wohl*. Aunque suele traducirse de forma convencional como «Adiós», su significado literal es «vive bien». En el uso epistolar y filosófico del siglo XVIII, y de manera especialmente coherente con el pensamiento moral de Fichte, esta fórmula no funciona solo como una despedida, sino como una exhortación ética dirigida al interlocutor: un deseo de vida recta, consciente y conforme al deber. La reiteración de esta expresión refuerza el carácter formativo y moral del texto, más que su simple dimensión epistolar.

SEGUNDA CARTA[9]

Estás satisfecho conmigo, Constant, pero aun así opinas que al comienzo de mi carta he presentado la sociedad, en lo que respecta a su permanencia, como demasiado maravillosa, y hacia el final, en lo que atañe a su finalidad, casi como excesivamente natural; te parece que da la impresión de que ambos quisiéramos primero inventar la Orden de los Francmasones.

Te agradezco tu satisfacción; a lo demás te respondo brevemente. No he querido presentar la permanencia de la Orden como algo maravilloso, ni su esencia como más que –natural; si deseas maravillarte de aquella, nada ten-

---

[9] Algunos estudiosos han sostenido que la segunda de las *Cartas a Constant* podría no pertenecer al texto original de Fichte, o bien haber sido modificada en una fase posterior de redacción o transmisión. Esta hipótesis se apoya principalmente en razones estilísticas y estructurales, como ciertas diferencias de tono, de transición argumentativa y de articulación interna respecto del resto del conjunto. Sin embargo, no existe consenso filológico definitivo al respecto: la carta figura ya en las primeras ediciones conocidas de la obra y no se conserva testimonio manuscrito que permita excluirla con certeza. Por ello, la crítica actual tiende a considerarla auténtica o, al menos, integrada tempranamente en el texto fichteano, aun reconociendo que plantea problemas específicos de coherencia y génesis textual.

go contra ello mientras no hayas encontrado natural su existencia conmigo, mientras no hayas considerado que precisamente aquello que el sabio puede proponerse en la Orden haya sido, con toda probabilidad, lo único que ha conservado y asegurado su existencia pese a todas esas dificultades y peligros. No pretendemos inventar la Orden; solo queremos descubrir bajo qué condiciones su existencia puede quedar suficientemente fundada para el sabio y el virtuoso; y si algún francmasón, o incluso todo un sistema, no lo supiera, queremos hallarlo por ellos; y en ese caso no estarías del todo equivocado si dijeras que hemos inventado para esos francmasones la Orden de los Francmasones.

Has visto que me inclino a reconocer como finalidad de la Orden únicamente aquello que el sabio y el virtuoso pueden reconocer como tal. Examinemos, pues, ante todo, qué no puede ser, bajo este supuesto, la finalidad de la Orden de los Francmasones.

No temas que esto sea una digresión inútil; esta investigación no solo eliminará todo aquello hacia lo cual no debemos dirigir la mirada, sino que, de paso, señalará todo lo que en determinados momentos se ha atribuido al Orden como finalidad, o se ha aceptado o declarado como tal. Esta consideración deberá guiarme y limitarme, para no caer en el peligro de querer agotar todas las posibilidades; como tampoco habrá de hablarse en absoluto de fines notoriamente perversos.

Según mi supuesto, la Orden de los Francmasones no puede ser, por tanto, una institución que tenga por objeto ejercitar ciertas facultades aisladas del alma humana, por ejemplo la memoria, la capacidad de juicio, el entendimiento o el gusto. Sería superfluo emprender algo semejante, puesto que en las escuelas, en las universidades y en los escritos y establecimientos públicos ya se provee suficientemente a ello; sería ridículo pretender hacer en algunas horas al mes, con hombres adultos, lo que debe realizarse en el tiempo de la educación o mediante la propia actividad intelectual; sería aventurado apartarse de la sociedad pública y entrar en una asociación secreta con tal propósito. Y nuestro sabio no quiere nada superfluo, nada ridículo, nada aventurado. Del mismo modo, no se propone difundir –como suele decirse– la ilustración (tal como se imputaba a los *iluminados*)[10], porque aquello que en esta tarea es valioso puede y debe realizarse públicamente, dadas las circunstancias de las cosas y del tiempo.

La francmasonería tampoco puede ser una escuela de artes raras y ciencias secretas, en la que se enseñen y transmitan misterios sobrenaturales y sobrehumanos. No solo porque es imposible convertir en objeto de enseñanza y tradición cosas cuya existencia desconocemos, sino

---

[10] Los «iluminados» aluden aquí a la Orden de los Illuminati de Baviera (fundada en 1776), a la que se atribuía la pretensión de difundir la Ilustración y reformar la sociedad mediante una organización secreta. El autor rechaza esta idea, sosteniendo que aquello que es verdaderamente ilustrador debe y puede realizarse públicamente.

también porque es deshonesto alimentar con tales ilusiones la pereza del espíritu, la codicia, la afición a lo maravilloso y otras pasiones perniciosas, oscurecer el entendimiento y corromper en su raíz la moralidad. Por ello, nuestro hombre sabio y bueno nunca admitirá que la Orden al que se entrega se ocupe de la preparación de medicamentos milagrosos, bálsamos de vida o tinturas universales, ya solo por el hecho de que estima una muerte honorable más que una vida vergonzosa, que podría prolongar durante siglos mediante tales artes; tampoco admitirá que, por medio de operaciones secretas que escapan a la mirada de los químicos, se busque la piedra filosofal, no solo porque sabe que ese Mesías jamás aparecerá y resistirá eternamente a todas las fórmulas mágicas, sino porque desprecia todas las artes de la codicia perezosa, ha encontrado el verdadero piedra filosofal en la fuerza de su espíritu mientras la siente viva en sí, y considera una disposición verdaderamente buena de más valor que el poder de transformar en oro todo el metal de la tierra. Finalmente, no se dedicará a una sociedad que investiga el triste arte de ponerse en relación con los llamados espíritus y, con su ayuda, acercarse a lo eterno o someter a su dominio las fuerzas de la naturaleza, porque nada sabe de tales espíritus en parte alguna, porque desprecia su auxilio en todas las cosas, y porque para él una verdad adquirida, un error abandonado, valen más que el poder de nombrar a todos los ángeles y arcángeles[11] y conversar con ellos.

En verdad, tan cierto como que algún sabio y virtuoso, en cualquier época, se haya ocupado de la francmasonería, tan cierto es que esto no puede ser masonería. Rosacrucismo y * * *[12] no son más francmasonería que el iluminismo.

Tampoco es la francmasonería una secta eclesiástica o mística encubierta. Lo que la Iglesia debe hacer, y lo que las sectas eclesiásticas pretenden hacer, es cosa conocida, y el hombre racional no se mezclará en ese oficio. Estas instituciones públicas –sean perfectas o imperfectas– no pueden ser promovidas por una sociedad secreta, y sería, dicho con suavidad, una necedad querer oponérseles por ese medio. La ilustración que se ocupa de refutar tal o cual dogma de una secta eclesiástica, o de demostrar la false-

---

[11] También el suave cántico de alabanza de los masones resuena armónicamente en el canto atronador de los arcángeles, pues él, el masón, los conoce y llama a algunos de ellos por su nombre. Distingue los Tronos, las Dominaciones, los Principados, las Potestades, toda la jerarquía de las huestes del Dios Sabaoth, aunque todavía esté envuelto en la mortalidad. Su arte se lo enseña. (!) etc. ¡Dios mío! El masón es un hombre mortal, y el arte divino lo eleva por encima de toda la naturaleza. El lento globo terráqueo y el serafín de fulgor radiante son los dos límites de sus conocimientos intuitivos y de su poder. Me atrevo a nombrarlos. Él quiere, y la materia obedece. Los cuerpos se transforman y los espíritus tiemblan ante él. Caigo, lleno de asombro, rostro en tierra, y beso con profunda reverencia el polvo bajo mis pies (de un discurso inédito de un hombre muy célebre, que quizá algún día publiquemos íntegramente). *(N. del a.)*

[12] Los tres asteriscos (*) sustituyen deliberadamente el término «Goldmacherei» (alquimia, fabricación del oro, artes ocultas químicas), frecuente en la polémica ilustrada del siglo XVIII como designación genérica de prácticas esotéricas y fraudulentas. El autor las excluye explícitamente de la francmasonería, al igual que el rosacrucismo y el iluminismo.

dad de todo un partido religioso, es: oscurecimiento. El hombre sabio y bueno no tomará partido de ningún modo a favor o en contra de secta alguna, no elegirá nunca los asuntos eclesiásticos (salvo que tenga para ello una vocación particular) como objeto de su pensamiento y de su acción, y mucho menos aún se hundirá en los bajíos de un misticismo vacío de sentido e irreligioso.

Si, pues, oyes que alguna secta masónica se haya propuesto alguna vez, o todavía se proponga, la expansión de la Iglesia y jerarquía romano-católicas como su fin, cree con firme convicción que eso no es masonería; y si, presentada como francmasonería de antiguo sistema, leyeras lo siguiente: «La naturaleza fue mostrada a Moisés como la parte posterior de la divinidad. La luz del mundo interior es el reflejo de Jesús. El mundo interior engendró el exterior. El parentesco entre ambos es, por tanto, íntimo y grande. El tránsito de lo inferior a lo superior se realiza por medio de sustancias intermedias. La humanidad transfigurada de Jesús es la primera de estas sustancias desde lo alto hacia abajo, así como la luz natural lo es desde abajo hacia arriba. La unión de ambas, junto con la entronización del espíritu divino, es el fin del renacimiento, y este, el camino hacia la joya de la naturaleza exterior»[13] y si incluso esto te fuera reco-

---

[13] Pasaje tomado del prólogo a la *Carta pastoral a los verdaderos y auténticos francmasones del antiguo sistema* (nueva edición, 1785), que supuestamente habría de contener el plan de toda la obra. La desfachatez con que este absurdo místico-teológico ha sido presentado todavía hace poco, como el *shibbólet* de la única masone-

mendado con celo, en el *Hamburgischer unpartheyischer Correspondent*[14], como la única masonería verdadera, piensa en tu hombre sabio y decide con certeza si eso puede ser masonería.

Del mismo modo, la política no puede ser en ningún sentido su objeto; ya sea para oponerse al orden existente y al poder del Estado, o para prestarle ayuda por medios secretos; ya sea para modificar la constitución del Estado o al soberano[15], o para intervenir con mano invisible en los engranajes de la administración.

Nadie está más alejado que nuestro hombre sabio de la presunción de querer exigir algo para la humanidad mediante la influencia sobre la constitución del Estado; sabe que es un crimen, desde el punto de vista del particular, actuar contra ella de cualquier modo y debilitar su suprema autoridad, o ayudarla de otro modo que no sea mediante el cumplimiento estricto del deber en la admi-

---

ría verdadera y como refutación fundada de los más recientes pasos hacia la regeneración de la Orden, supera todo lo creíble. Resulta, sin embargo, completamente inverosímil que este libro contenga realmente el núcleo de sabiduría de una cierta secta masónica, tristemente célebre por su intolerancia auténticamente papista. Será necesario caracterizar más de cerca en el futuro este fenómeno singular, que ha adquirido una cierta apariencia de importancia a través de aquel anuncio periodístico. *(N. del a.)*

[14] El *Hamburgischer unpartheyischer Correspondent* fue uno de los periódicos más influyentes del ámbito germánico en el siglo XVIII, editado en Hamburgo y caracterizado por su amplia difusión y por acoger anuncios, reseñas y polémicas de muy diversa índole. En los años finales del siglo XVIII publicó ocasionalmente textos y anuncios de orientación místico-teosófica y pseudo-masónica, presentados como la «auténtica» o «verdadera» masonería. El autor alude aquí críticamente a ese tipo de escritos, utilizándolos como ejemplo de la confusión doctrinal y del desvío espiritualista que, a su juicio, no puede identificarse con la francmasonería propiamente dicha.

[15] Alusión a la historia inglesa, por ejemplo a Cromwell, al caballero de San Jorge, etc.

nistración de la justicia y en la protección de la propiedad y de los demás derechos de los ciudadanos. Está instruido por la experiencia del pasado en que un cambio de nombre no es un cambio de felicidad, y en que las grandes transformaciones solo han sido producidas por causas grandes y generales. Sabe lo que es bueno, pero no lo que hace felices a los hombres, y está libre de la presunción de querer hacer felices o educar a miles.

La política queda fuera de su ámbito[16]; en lugar de pretender ser conductor de los asuntos del Estado, solo quiere ser un buen ciudadano y un buen hombre; en lugar de preocuparse por el bienestar general, solo siente la preocupación por su deber y por el bienestar de los suyos.

Allí donde alguien quiera venderte, abierta o artificiosamente encubiertos, fines políticos como fines masónicos, sacude el polvo de tus pies. Allí tratas con ignorantes, con visionarios, con egoístas; no con tu hombre sabio, no con la masonería.

¿Podría ser, quizá, la promoción de la felicidad exterior el fin de la Orden? ¿Tal vez los hermanos quieran recomendarse mutuamente para cargos, quizá se instituyan tontinas, o acaso los padres y los superiores reciban pensiones del tesoro, a las que aspiren los más jóvenes?

---

[16] En ocasiones se ha declarado de manera enérgica y pública esta distancia de la masonería respecto de la política, y, atendiendo al espíritu de la época y a la condición de los iniciados, se ha obrado bien al hacerlo; incluso se ha incorporado esta protesta contra toda finalidad política a los rituales y con ello –al menos– se ha hecho algo muy superfluo. *(N. del a.)*

Lo primero pudo haber ocurrido antaño, de manera ocasional y fortuita, pues con la mayor difusión de la Orden resulta del todo natural que hoy ya nada haya que esperar o temer en ese sentido; pero sería necio pensar esto como finalidad de la asociación. Lo segundo ha sido –ensayado y olvidado; lo tercero –según se dice– es habitual en un determinado sistema, mientras que en otros lugares reina una completa igualdad en las contribuciones. ¿Y crees acaso que el hombre que nos sirve de garante de la Orden se rebajaría hasta aceptar una pensión procedente de contribuciones, o a acecharla?

¿Será entonces, finalmente, la promoción de la felicidad interior? Aquello por lo que luchó Saint-Nicaise[17], a lo que fue conducido tras mil extravíos, engaños y sufrimientos, y acerca de lo cual escribe en la página 272 del conocido libro: «Me vi en la meta de todos mis deseos, y quedé plenamente convencido de que la Orden concede mucho más de lo que promete; que de él puede decirse, en un grado mucho más perfecto, lo que los paganos decían antaño de sus misterios: que por su medio se aprende a vivir con placer y a morir con una esperanza mejor»; o como afirma en la página 382: «También el grado su-

---

[17] Saint-Nicaise es el seudónimo literario de un autor francés del siglo XVIII, citado con frecuencia en la literatura masónica y antimasónica de la época. Su obra –de carácter autobiográfico y alegórico– describe un largo itinerario de decepciones, búsquedas espirituales fallidas y sistemas iniciáticos contradictorios, hasta llegar a una concepción moral e interior de la masonería. El autor lo menciona aquí como ejemplo representativo del hombre que, tras recorrer múltiples vías ilusorias, identifica el verdadero fin del Orden no en secretos externos, sino en la transformación interior del individuo.

premo de los misterios no tiene otra finalidad que hacer mejores a los hombres»[18].

¡En verdad! Ese es, sin duda, un fin grande y elevado, por el cual el hombre sabio y virtuoso trabaja durante toda su vida, al que todos los hombres aspiran, y por el cual bien merece la pena...

¿Ingresar en una sociedad secreta o, al menos, cerrada?

¿Se enseña allí la virtud? Y si se enseña, ¿no lo hacen ya nuestros predicadores y filósofos de manera suficiente y completa? ¿Puede acaso facilitarse la virtud y, como en el caso de una enfermedad o de una desgracia, aligerarse su carga mediante la participación ajena? ¿O no es la virtud, más bien, el asunto más propio y más secreto del ser humano, que apenas puede compartir con un solo corazón amado, y mucho menos con una sociedad de conocidos?

En la sociedad puede aprender mayor decoro, urbanidad y recato, habituarse a una conducta mesurada y conforme a derecho; puede escuchar muchas máximas y discursos bellos y supuestamente útiles, pero no volverse virtuoso; y si no ha aprendido a vivir con placer y a morir con una esperanza mejor «en otro lugar y antes de su admisión», difícilmente lo aprenderá en la Orden.

Ciertamente, en una sociedad moral-ascética, orientada a la virtud y al perfeccionamiento como único y último

---

[18] Esto lo creen la mayoría y los mejores hermanos; mientras que la otra gran mitad busca en las casas de logia únicamente la ocasión de divertirse, hacer nuevas relaciones y reencontrarse con antiguos conocidos. *(N. del a.)*

fin, nuestro hombre sabio y bueno se dejaría iniciar tan poco como Sócrates en los misterios eleusinos.

Así pues, no queda como fin de esta admirable Orden sino, nada; y solo posee, de manera accesoria, las ventajas de una buena y alegre compañía.

Tan cierto, responde nuestro hombre sabio y virtuoso, como que yo me ocupo de esta Orden, por lo demás enteramente natural, y me entrego a ella, tan cierto es que su fin y su meta son algo, y la buena compañía es y seguirá siendo un: accesorio.

No nos queda ahora, Constant, sino buscar ese *algo* y dejar todos los demás accesorios –desde la fabricación de oro y la visión de espíritus hasta las logias de mesa[19]– en el lugar que les corresponde. Y si, por lo demás, se te ocurren aún otras cosas semejantes que en algún momento y por alguna mente ociosa hayan sido presentadas o proclamadas como finalidad de la Orden, deja que sea únicamente nuestro garante quien responda a tales preguntas.

Por ahora quiero aún, a modo de posdata de esta carta, señalar un prejuicio masónico general que ha extraviado de manera especialmente grave a mis hermanos en Alemania. Quien no logre liberarse de este prejuicio está, en verdad, perdido para el fin de la Orden. Se cree que el

---

[19] Las *logias de mesa* (*Tafellogen* en alemán) a las que se refiere Fichte aquí designan reuniones masónicas de carácter convivial, celebradas en torno a un banquete y orientadas a la sociabilidad fraterna (brindis, discursos, cantos), sin función iniciática ni doctrinal. En el texto se mencionan como elementos accesorios de la vida masónica, carentes de relevancia para definir la finalidad esencial de la Orden.

secreto de la Orden está custodiado en algún lugar o en manos de ciertas personas, y que bastaría con buscar con suficiente celo o –como enseña Saint-Nicaise– tener una gran fortuna para que se abran los ojos y se descubra el elevado secreto.

Unas veces se lo ha buscado en Londres, en la Gran Logia Madre; otras, en Escocia; otras, en Francia, por ejemplo entre los Padres de Clermont, en Auvernia, en el monte Hérédon, etc.; otras (como el señor von Wächter), en Italia; otras, en Suecia; otras, entre doce o dieciséis elegidos dispersos por todos los países, que solo se conocen y cooptan entre sí. Lo que se ha encontrado han sido, acaso, algunas contribuciones a la historia o a los mitos de la Orden; pero los maestros del Arte siguen buscando en vano su secreto.

Quod quaeris, hic est[20], está cerca de ti, firmemente custodiado, desafiando a todas las artes de la astucia y de la violencia. Allí queremos buscarlo.

---

[20] *Quod quaeris, hic est* puede traducirse como: «Lo que buscas, aquí está». El latinismo subraya la idea de que el objeto de la búsqueda no se halla en un lugar remoto ni oculto en misterios externos, sino próximo y accesible, si se sabe dónde y cómo mirar.

TERCERA CARTA

Qué es lo que el hombre sabio y virtuoso puede querer en general, qué es lo que necesariamente debe querer, eso lo sabemos; si queremos conocer ahora también el fin de la francmasonería, debemos investigar qué puede proponerse aquel en una asociación de este tipo, separada de la gran sociedad pública. Así lo dije al final de mi primera carta, y tú estabas de acuerdo conmigo en la consecuencia de esta deducción. Considerémoslo ahora más detenidamente.

Aquello que el hombre sabio y virtuoso quiere, aquello que constituye su fin, es el fin último de la humanidad. El único fin de la existencia humana sobre la tierra no es ni el cielo ni el infierno, sino únicamente la humanidad que llevamos en nosotros y su desarrollo en el grado más alto posible. No conocemos otra cosa; y lo que llamamos divino, diabólico o animal no es nada, sino humano. Todo aquello que no esté contenido en el fin del máximo desarrollo posible, que no se refiera a él o que no se relacione con él como parte o como medio, no puede ser el fin de ningún ser humano; el hombre sabio y virtuoso no puede proponérselo como fin ni en el sentido más general ni en el más particular. Lo que está por encima o por debajo de la humanidad queda fuera de los ámbitos de su pensamiento, de su aspiración y de su obrar.

En cierta medida, ese fin se alcanza en todos los hombres –sin que lo piensen con claridad ni lo promuevan de manera consciente– simplemente por su nacimiento a la luz del día y por su vida en sociedad. Parece como si no fuera su fin, sino un fin que se cumple *con* ellos. Pero el hombre reflexivo lo concibe con claridad: es su fin, y lo convierte en la meta deliberada de todo su obrar.

¿De qué modo se promueve ese fin en la gran sociedad humana? ¿Actúa esta de manera directa y sin rodeos, con fuerzas unidas, en dirección a él? No parece ser así. No piensa ni actúa con la claridad y la reflexión del sabio individual; pesan sobre ella las deudas del mundo pasado, y ocupada en esta expiación apenas tiene tiempo para trabajar en favor de una posteridad que, a su vez, habrá de trabajar para otra. Debe sostener el gran combate contra la naturaleza resistente y el tiempo inerte; quiere obtener ventaja sobre ambos y ha sometido su tarea a una condición desfavorable, pero inevitable.

La gran sociedad ha dividido el conjunto de la formación humana en partes, ha distribuido entre sí sus ramas y funciones, y ha asignado a cada estamento su campo particular de cooperación. Del mismo modo que en una fábrica se ahorran tiempo y costes porque un obrero, durante toda su vida, fabrica solo este tipo de muelle, de pluma, de eje o de recipiente, aplica únicamente este color, acciona y dirige solo esta máquina, mientras otro, igualmente durante toda su vida, realiza ese otro tipo de trabajo que, al final, un maestro de obras desconocido para todos reúne en un todo: así sucede también en el gran taller de la formación humana. Cada estamento trabaja y produce algo para todos los demás, algo que, de otro modo, cada cual tendría que realizar por sí mismo, para su propia persona y su propia parte; y estos, a su vez, producen ahora para él aquello para lo cual quien se ocupa de su bienestar por otras vías no tiene ni tiempo ni aptitud.

Para el bien y la formación del conjunto, todas las labores de los individuos son dirigidas por la mano invisible de la Providencia. Así, el erudito desciende a las profundidades del espíritu y de la ciencia para sacar a la luz aquello que, tras algunos siglos, será familiar y útil para todos, mientras el campesino y el artesano alimentan y visten; el funcionario administra el derecho, que sin él la comunidad tendría que administrar por sí misma, y el soldado defiende al desvalido –que lo alimenta– frente a la violencia extranjera.

Cada individuo se forma ahora, ante todo, solo para el estamento que ha elegido. Desde la juventud, por decisión propia o por el juego de las circunstancias, queda determinado de manera casi exclusiva para un determinado modo de vida; se considera mejor aquella educación que prepara al muchacho de la forma más eficaz para su futura profesión.

Todo lo que no guarda una relación inmediata con ella, o que, como se dice, no puede utilizarse en ella, queda relegado. El joven destinado a ser erudito emplea todo su tiempo en el aprendizaje de lenguas y ciencias, seleccionando incluso aquellas que son necesarias para su futuro sustento y eliminando cuidadosamente otras que serían necesarias para la formación general del erudito. Todos los demás modos de vida y ocupaciones le resultan ajenos, del mismo modo que estos se son ajenos entre sí.

El médico concentra toda su atención en la medicina, el jurista en la legislación de su país, el comerciante en la rama concreta de su negocio, el fabricante únicamente en la producción de su manufactura. En su ámbito sabe lo necesario, y lo sabe con mayor claridad y profundidad; por eso le resulta especialmente querido, lo considera una propiedad adquirida y vive en él como en una patria.

Y todo esto es bueno: cada cual cumple con su deber; lo contrario no solo anularía todas las ventajas de la sociedad, sino que sería perjudicial tanto para el individuo como para el conjunto. Pero de ello surge necesariamente en todos una cierta parcialidad y unilateralidad que, aunque no de modo inevitable, sí de manera habitual degenera en pedantería. Una pedantería que comúnmente (quizá porque aquí es más visible, quizá porque se es aquí más intolerante) se atribuye solo al estamento erudito, pero que en realidad domina en todos los estamentos y cuyo principio fundamental es en todas partes el mismo: considerar la formación propia del estamento particular como formación humana general y aspirar a que efectivamente lo sea.

Así, el erudito pedantesco solo valora la ciencia y desprecia todo lo demás; sus exposiciones y conversaciones en sociedades mixtas tienden a inculcar en sus oyentes algunos fragmentos de su erudición y a hacerlos ansiar su precisión en el pensar. El comerciante pedantesco, por el contrario, desprecia al erudito y exclama: «¡Solo cálculo y dinero! El dinero es la consigna de la vida racional y feliz». El guerrero desprecia a ambos, ensalza únicamente la fuerza corporal y la destreza, el valor militar y la defensa del honor según su propio criterio, y no estaría mal dispuesto a alistar a todo aquel que se mantuviera dentro de la medida.

Los teólogos, en particular –pues su estamento ha alcanzado, por amor al cielo o por temor al infierno, la mayor influencia entre todos–, se han esforzado desde siempre por educar a todos los hombres, hasta a los niños de aldea, como teólogos consumados y dogmáticos de pulso firme.

«Buscad ante todo el Reino de Dios; lo demás es cosa menor»[21], dicen los teólogos y, con ellos, todos los demás estamentos, ¡y bien sabemos qué entienden por Reino de Dios!

Así reina por doquier una unilateralidad que aquí resulta útil y allí perjudicial; así, cada individuo no es solo un erudito, sino un teólogo o un jurista o un médico; no solo un hombre religioso, sino un católico, un luterano, un judío o un musulmán; no solo un ser humano, sino un político, un comerciante o un guerrero. Y así, mediante la máxima formación estamental, se ve obstaculizada la máxima formación de la humanidad –el fin supremo de la existencia humana–; más aún, necesariamente ha de verse obstaculizada, porque cada cual tiene el deber ineludible de formarse del modo más perfecto posible para su actividad particular, y esto es casi imposible sin el riesgo de la unilateralidad.

Con estos supuestos volvemos ahora a la francmasonería para no separarnos ya de ella, y edificamos sobre ellos algunas consecuencias importantes. Aquello que te expuse en mi segunda carta mediante ejemplos, con otro propósito, se te hará ahora más claro como consecuencia ló-

---

[21] La frase «Buscad ante todo el Reino de Dios; lo demás es cosa menor» remite al pasaje evangélico de Mateo 6, 33 («Buscad primero el Reino de Dios y su justicia, y todo lo demás se os dará por añadidura»). Aquí se cita con intención crítica: el autor alude al uso que teólogos y estamentos hacen de este texto para absolutizar su propia concepción confesional o institucional del «Reino de Dios», identificándolo con intereses doctrinales, eclesiásticos o de poder, más que con una exigencia moral universal.

gica de lo dicho. La masonería, en efecto, no puede proponerse ninguno de los fines con los que de manera notoria y manifiesta ya se ocupa algún estamento, institución u orden existente en la sociedad humana; no puede querer interponerse ni colocarse al lado de ninguna otra asociación, pues entonces sería superflua, al pretender hacer aquello que ya se hace sin ella.

Tampoco podría excusarse alegando que la institución pública a la que quisiera acompañar y cuyo fin adoptara fuera defectuosa o imperfecta. Es una vana presunción querer hacer mejor, como actividad secundaria, aquello que otros no logran hacer mejor ni siquiera como tarea principal; es necedad pronunciar un juicio condenatorio sobre instituciones que acaso solo se conocen por su apariencia externa, y no por las dificultades inevitables que encuentran en el objeto mismo de su actuación.

Cada una de estas instituciones del Estado lleva en sí el germen de lo mejor y tiende hacia la perfección, y para la masonería solo puede plantearse en todas partes esta pregunta: si existe una institución para un determinado fin, no cuán bien lo cumple; de esto deben ocuparse otros. Si quisiera intervenir activamente en un plan ajeno, no haría sino propagar el desorden, perturbando y confundiendo su ejecución; sería sumamente dañina, tanto más cuanto que tendría que hacerlo en secreto, pues públicamente no se conocería ningún ámbito concreto de la formación humana del que se hubiese hecho cargo.

Una sociedad de este tipo –se ocupe de asuntos eclesiásticos o políticos, filosóficos, eruditos o mercantiles– no podría ser apoyada por el hombre sabio y virtuoso; antes bien, una vez que hubiera conocido su existencia perturbadora, estaría obligado a llevarla a su destrucción. Y para ello no sería necesario mayor esfuerzo que el de denunciarla, pues es del más alto interés de la sociedad humana en su conjunto y de cada una de sus ramas –del Estado, de la Iglesia, del público erudito y del comercial– aniquilar una asociación semejante tan pronto como llega a su conocimiento.

Así, todo fin con el que ya esté ocupado algún estamento de la sociedad queda total e incondicionalmente excluido de la masonería; y sería tan necio y ridículo que sus miembros se ocuparan en secreto de fabricar buenos zapatos como de reformar el Estado, ya sea en su conjunto o en alguno de sus aspectos particulares. Cualquier masón que pretendiera negarlo pondría en duda no solo su buena voluntad y su comprensión masónica, sino también su sano juicio.

Pero algún fin debe tener necesariamente, pues de lo contrario sería un juego vano y vacío, y el hombre sabio y virtuoso podría ocuparse de ella tan poco como si persiguiera alguno de los fines perjudiciales mencionados. Este fin solo puede ser tal que la gran sociedad humana no tenga para él ninguna institución particular, un fin para el cual, por la naturaleza misma de ese fin y de la sociedad, no pueda tener institución alguna. Pues si pudiera tener una institución semejante, correspondería al hombre sabio y virtuoso promoverla en el seno de la gran sociedad y hacerla surgir de ella, antes que intentar alcanzar su objetivo separándose de esa sociedad. La naturaleza de la gran sociedad y la naturaleza del fin que pertenece a su ámbito exigirían de manera ineludible que llamara la atención del Estado sobre esta rama de su actividad –hasta ahora, de un modo casi incomprensible, olvidada–, y que dejara luego enteramente a su criterio decidir si quería establecer las instituciones necesarias para ello o no. En ningún caso le estaría permitido apartarse en una sociedad separada para actuar en favor de este fin, pues no le corresponde de ningún modo este tipo de actuación.

La cuestión es ahora si puede existir un fin semejante –razonable y bueno– para el cual la gran sociedad, por su propia naturaleza, no pueda tener institución particular, y cuál sea ese fin; y así quedaría hallado el único fin posible de la masonería, considerada en sentido estricto como sociedad separada. Veámoslo.

CUARTA CARTA

Iluminaré de inmediato tu conjetura –si acaso pretendo presentar la francmasonería como un fin en sí mismo– cuando te haya expuesto la segunda consecuencia de nuestra reflexión anterior sobre la gran sociedad humana, como piedra angular de esta serie de ideas.

Hemos reconocido como un mal que la formación en la gran sociedad y para ella esté siempre ligada a una cierta unilateralidad y parcialidad, que se interpone en el camino de la formación más alta posible –esto es, la formación puramente humana– y que impide tanto al individuo como a la humanidad en su conjunto avanzar felizmente hacia su fin.

Solo después de que hayas reconocido esto y te hayas liberado del pensamiento unilateral acerca de la supuesta utilidad de la unilateralidad en el ejercicio de las ocupaciones, puedo esperar que encuentres mi conclusión consecuente y que abarques la cuestión con tu propio sentir.

Se nos da ahora un fin que la gran sociedad humana no puede proponerse en absoluto, puesto que lo supera y solo surge a partir de la existencia misma de esa sociedad: un fin que solo puede alcanzarse partiendo de ella y separándose de ella, a saber, el de anular los inconvenientes del modo de formación propio de la gran sociedad y fundir la formación unilateral propia de cada estamento en la formación humana común, en la formación integral del ser humano en cuanto ser humano.

Este fin es grande, pues tiene por objeto aquello que resulta más interesante para el hombre; es racional, porque expresa una de nuestras obligaciones más sagradas; es posible, porque todo lo que debemos hacer es posible; es casi imposible de alcanzar en la gran sociedad –o, al menos, extraordinariamente difícil–, ya que el estamento, el modo de vida y las circunstancias entrelazan al ser humano con lazos finos pero firmes y lo hacen girar a menudo en un círculo, sin que apenas lo advierta, en lugar de permitirle avanzar. Por ello, solo puede alcanzarse mediante la separación de esa sociedad. No por una separación permanente, pues de ella surgiría una nueva unilateralidad, se perderían para la sociedad las ventajas de la formación puramente humana eventualmente alcanzada y se frustraría el objetivo principal, que es fundir ambos modos de formación y elevar con ello la necesaria formación estamental. Tampoco mediante el retiro a la soledad, pues esta refuerza nuestra unilateralidad más de lo que la supera y recubre nuestro corazón con una corteza egoísta. Solo, pues, mediante el ingreso en una sociedad separada de la gran sociedad, que no perjudique ninguna de nuestras relaciones en aquella y que haya dispuesto los medios para presentarnos periódicamente ante los ojos y el corazón el fin de la humanidad, para hacerlo nuestro fin consciente, y que, mediante mil recursos, trabaje para deshabituarnos de los vicios del estamento y de la sociedad y elevar nuestra formación a una formación puramente humana.

Este, y ningún otro, es el fin de la sociedad francmasónica, en la medida en que hombres sabios y virtuosos se ocupan de ella. El masón, que nació como ser humano y ha atravesado la formación de su estamento, el Estado y sus demás relaciones sociales, debe ser nuevamente formado sobre este terreno como ser humano pleno y completo.

Esta es la única finalidad posible de una sociedad separada; y con ello queda respondida la pregunta planteada: ¿qué es la Orden francmasónica en sí misma o, si lo prefieres, qué puede ser?

Pero –dices tú–, este fin es en parte demasiado amplio y en parte demasiado estrecho. Demasiado amplio, porque también puede alcanzarse por otros caminos, mediante la reflexión, los viajes, el trato errante con los hombres y la vida social; demasiado estrecho, porque ninguna sociedad, sea del tipo que sea, puede, por su propia naturaleza, lograr plenamente su realización.

A lo primero –sobre lo cual más adelante se arrojará la luz necesaria– respondo por ahora solo brevemente lo siguiente: el ser humano puede, por esos caminos indicados, pulirse exteriormente y adquirir un porte que vaya más allá de su estamento; puede aprender a borrar el pedantismo de sus modales y elevar su modo de pensar a una mayor generalidad que la anterior. Pero su interior permanece intacto en todo ello; continúa avanzando por sus viejos caminos, solo que ahora tras vallas y muros elegantes.

Mediante la simple reflexión puede quizá borrar en sí el espíritu de estamento, pero a costa de dar a su carácter individual –todavía muy distinto del carácter de la humanidad pura– una obstinación aún mayor. Aquello que aquí ha de obrar con toda seriedad solo puede realizarse en una sociedad separada como la que hemos deducido y como tú mismo, junto conmigo, la concebirás pronto en toda la extensión de su eficacia.

El segundo reparo que has insinuado es más importante; y a mi exposición anterior del fin añado de inmediato esta limitación decisiva: en qué medida una formación de este tipo es posible a través de una sociedad expresamente instituida para tal fin. Existe, en efecto, una forma de formación propiamente humana ante la cual cada cual solo toma como testigos y jueces a sí mismo, a su conciencia y a Dios: la formación para la libertad moral. Conoces mi convicción al respecto.

Todo aquel que se tome en serio a sí mismo –escribí hace algunos años en otro lugar– debe observarse incesantemente y trabajar en su propio perfeccionamiento; esto debe habérsele vuelto casi natural por el ejercicio. Pero esta tarea parece, por su propia naturaleza, incapaz de ser comunicada.

Visité a un pintor al que quería ver trabajar; me mostró todas sus obras, incluso las aún no concluidas; pero por mucho que se lo rogué, no quiso trabajar ante mis ojos y me aseguró que las obras del genio solo prosperan en la soledad. Esto me condujo a pensar en la obra del genio moral que hay en nosotros, y presentí la verdad de que también en este caso es necesario estar a solas. Cada vez hallé más confirmada la idea de que el verdadero empeño por ennoblecerse es algo sumamente delicado y pudoroso, que se retrae hacia sí mismo y no puede comunicarse en absoluto.

Nunca había puesto en palabras ante mí mismo mi propio perfeccionamiento: ¿cómo habría de vestirlo de palabras ante otros? Bastó con que actuara de otro modo, y mis amigos, como yo mismo, reconocimos el crecimiento de la planta solo por sus frutos.

Por ello, no debe uno jamás exhibir su mejora, ni rebajarse a una mera confesión de sus defectos, sino deshacerse de ellos. Deben causarnos repugnancia; solo así no los giraremos una y otra vez para expresarlos con precisión y ornato. Si alguien, movido por un malentendido sentido del deber, quisiera forzarse a ello en nombre de cierto espíritu heroico de amistad (o en favor de un fin social), no haría sino familiarizarse con sus defectos, llegar a apreciarlos, o al menos dejar de temer la existencia de aquellos a los que tan ruidosamente ha condenado; incluso se sobornaría a sí mismo, contabilizando la confesión como si ya fuera una mejora. Y así es.

Convertir la propia formación para la libertad moral en un asunto social, hablar de ella con otros, rendirles cuentas, confesarles o recibir confesiones, desquicia el ánimo desde sus cimientos; pues viola el pudor sagrado, convierte al hombre en el más vil de los hipócritas –ante sí mismo–, y una sociedad que se ocupara de ello conduciría, en efecto, a la más oscura ascética monástica.

Así pues, con esta formación hacia la humanidad pura no tiene nada que ver la masonería, del mismo modo que ninguna sociedad que no esté compuesta por entusiastas exaltados, y que no convierta en regla aquello que dijo Horacio: «Insani sapiens nomen ferat, aequus iniqui, Ultra, quam satis est, virtutem si petat ipsam»[22].

Todo aquello que parece introducir algún tipo de diferencia entre los seres humanos –ya sea en destreza técnica, en conocimientos o incluso en virtud– es, frente a la

---

[22] El sabio se gana el nombre de loco, y el justo el de injusto, cuando se persigue la virtud más allá de lo que es debido». Wieland traduce y glosa el pasaje en este sentido: «El sabio se atrae el nombre de necio, y Aristides se vuelve injusto, tan pronto como lleva la virtud más allá de la justa medida»; o, dicho de otro modo, cuando se busca la virtud misma con escrúpulo ansioso y por caminos errados. *(N. de l a.)*

masonería, profano; pero en lo que atañe a la libertad moral, incluso la propia masonería es profana y no sagrada, pues aquella es lo más santo de todo, frente a lo cual incluso lo sagrado resulta común.

Este concepto firme, absolutamente determinado y claro en sí mismo, debemos incorporarlo sin duda al canon de la masonería y convertirlo en principio de una crítica de todo lo masónico, si es que quisiéramos emprender tal crítica.

Otra cosa distinta es –y baste aquí con indicarlo brevemente– la formación del espíritu y de las inclinaciones para hacerlas receptivas a la moralidad, la formación de las costumbres exteriores y de la legalidad externa. Esto sí pertenece, en efecto, al ámbito de la masonería.

Ahora se alzará ante tu alma la imagen de la masonería tal como es en sí misma, o tal como únicamente puede y debe ser.

Permíteme trazar aún algunos rasgos más de esta imagen. Aquí se reúnen libremente hombres de todos los estamentos y aportan al acervo común la formación que cada uno ha podido adquirir según su individualidad y dentro de su propio estamento. Cada cual trae y entrega lo que posee: el pensador, conceptos claros y determinados; el hombre de acción, destreza y soltura en el arte de vivir; el religioso, su sentido religioso; el artista, su entusiasmo creador. Pero ninguno lo entrega del mismo modo en que lo ha recibido en su estamento ni como lo transmitiría dentro de él. Cada uno deja a un lado, por así decir, lo particular y lo específico, y extrae aquello que, como resultado, ha obrado en su interior; se esfuerza en dar su contribución de tal modo que pueda llegar a cada miembro de la sociedad; y la sociedad entera se empeña en apoyar este esfuerzo y, precisamente por ello, en conferir a su formación hasta entonces unilateral una utilidad general y una verdadera amplitud. En esta asociación, cada cual recibe en la misma medida en que da; precisamente al dar se le da también, a saber, la capacidad misma de poder dar.

Conserva firmemente esta imagen en tu alma, Constant, y se abrirán ante ti perspectivas deslumbrantes sobre la acción de una sociedad semejante.

Adiós.

QUINTA CARTA

Solo ahora respondo a tu pregunta: si no puede considerarse la francmasonería como un fin en sí mismo, aunque tú mismo ya la habías retirado; y lo hago únicamente porque me da ocasión de introducir algunas precisiones accesorias.

Como tú mismo reconoces, llegaste a esa idea por comparación de la francmasonería con la religión. ¿Cuál es –puede preguntarse– el fin de la Iglesia?

La promoción de la religión. ¿Y cuál es el fin de la religión? Sin duda, ella misma, pues no es sino el resultado, la exigencia del espíritu y del corazón en armonía, el producto de nuestra reflexión, la más alta flor de nuestra razón y de la dignidad de nuestra naturaleza. ¿Para qué habría aún de servir, o como medio para qué fines últimos? Así también existiría la Orden de los Francmasones para conservar y cultivar la francmasonería; ella misma no serviría para nada ulterior, sería buena en sí misma, no un medio para ningún otro fin. ¿Qué más habría de proponerse? Aquello que obra y puede obrar, lo que ha producido en él y debe producir en otros, eso debe conocerlo el verdadero masón; y eso es: francmasonería.

De este modo, en general, sería vano preguntar por su fin, responder a esta pregunta y formular el concepto de tal fin (como hemos hecho); existiría por sí misma, por causa de sí misma, debería simplemente ser y sería un componente de lo Absoluto.

Hay, sin duda, un cierto sentido en el que esta afirmación puede pensarse perfectamente, en el que es verdadera e importante. Pero no parece expresada con suficiente determinación. Se habla a menudo –no decidiré aquí si con precisión filosófica– de un sentido amplísimo y amplio, estrecho y estrechísimo de las palabras y de las proposiciones en filosofía. Así, alguien podría decir: cuando llamo a la masonería un fin en sí mismo, me refiero a la masonería en su sentido más estricto. Pero esto no sería otra cosa que aquella formación común, puramente humana, que tú has establecido como fin de la masonería. En ese caso, su fin sería: ella misma.

La cosa es correcta, pero las palabras resultan algo equívocas. El ser humano es un fin en sí mismo, y aquella formación puramente humana es un modo absolutamente exigido de ser humano; es, por tanto, un componente de aquello que es fin en sí mismo, o de lo Absoluto. Pero ¿reconocerá alguien como expresiones equivalentes masonería y formación humana común? La disposición masónica –una vez aclarado provisionalmente el término en el sentido indicado– puede llamarse fin en sí mismo; pero ¿significan masonería u Orden francmasónica lo mismo que disposición masónica? La masonería no es una formación ni una disposición, sino una sociedad o asociación. No puedo decir: el hermano N. N. ha realizado esta acción loable por su francmasonería; sino que es una prueba de su buena disposición masónica. O bien: el señor N. N. posee en sí la francmasonería sin haber sido admitido en la Orden, aunque puede poseer la verdadera disposición (masónica) de una formación humana común.

Dado que el término masonería designa la asociación, no puede ser llamada fin en sí mismo, sino solo medio, pues la asociación para el fin indicado es únicamente un medio y no debe existir de manera absoluta, sino solo bajo la condición de un determinado estado del mundo, tal como se presenta en la actualidad.

Pues únicamente porque el fin que la sociedad separada se propone no puede alcanzarse en la gran sociedad tal como ahora es, se instituye la sociedad separada. Pero la gran sociedad no es necesariamente como es. Puede pensarse en el ámbito de la razón de manera muy distinta, al menos sin la condición antes indicada en la formación de los individuos; más aún, debe avanzar constantemente hacia lo mejor, y este progreso consiste muy especialmente también en la igualdad y armonía de la formación de todos los individuos. En la medida en que esto ocurra, la sociedad separada se volverá menos necesaria; y cuando aquel fin haya sido alcanzado, resultará superflua e ilegítima. ¿Puede decirse entonces de algo tan relativo que sea un componente de lo Absoluto?

Podría decirse que el fin de la humanidad entera es constituir una única gran asociación, tal como en la actualidad debería ser la masónica.[23] Pero la mera existencia misma de la masonería demuestra que aquello que hemos llamado fin en sí mismo aún no ha sido alcanzado en absoluto.

El ejemplo del que se suele valer para sostener aquella afirmación debería, en realidad, poner su contrario bajo una luz más clara. Se dice: no puede preguntarse propiamente por un fin de la religión (o, más precisamente, de la religiosidad, de la disposición religiosa), pero sí por un fin de la Iglesia. Muy correcto. Pero al concepto de religiosidad no corresponde en absoluto el concepto de masonería, sino más bien el de la formación puramente humana; al de la Iglesia, en cambio, corresponde justamente el de la masonería o –lo que es lo mismo– el de la Orden francmasónica. La masonería no designa, pues –para decirlo brevemente– una disposición, sino una asociación; y esta asociación, en cuanto medio para producir aquella disposición, está condicionada por algo contingente, algo

---

[23] A ello parecen aludir también ciertos símbolos masónicos. *(N. del a.)*

que bien podría no existir y que, de hecho, no debería existir. La masonería no es, por tanto, un fin en sí mismo, del mismo modo que –según esa misma opinión– tampoco lo es la Iglesia; y en ambos casos puede preguntarse, con pleno derecho filosófico, por sus fines y enunciarlos de manera clara y determinada.

Confío en haber hecho esto con respecto a la masonería. Pero aún no hemos llegado al final. No solo debemos examinar todavía qué es la masonería y cómo actúa tanto sobre sus miembros como sobre el mundo, sino también desarrollar con mayor detalle los principios fundamentales expuestos más arriba y aplicarlos ulteriormente, a fin de que resulten más aptos y suficientes para juzgar el estado actual de la masonería y de la conducta masónica.

Cuento con que todo esto te interese, Constant, como ciudadano del mundo y como ser humano, y espero de ti que conserves esa disposición –masónica– según la cual todo lo que concierne a la humanidad y a su formación despierta atención y participación, y que te hace tan querido para mí, incluso aunque nunca llegues a ingresar en una logia.

Adiós.

SEXTA CARTA

No me dejas marchar, Constant, aunque –como tú mismo escribes– ya intuyes lo que aún tengo que decir. Y tienes toda la razón: para una mente que piensa con coherencia, nada resulta más sencillo que llevar este asunto a su conclusión a partir de las premisas ya expuestas. Sin embargo, puesto que así lo deseas, debo continuar.

Nuestra primera pregunta será, pues: ¿qué obra la Orden en el masón?; y la segunda: ¿qué obra sobre el mundo?

Me ceñiré a lo esencial y podré limitarme a indicaciones fecundas.

Si la asociación no es completamente vana e ineficaz, entonces, sin duda, quien se halla en ella –esté en el grado de cultura que esté– debe acercarse más a la madurez de lo que ese mismo individuo habría llegado a ella fuera de la asociación. Esto vale, en el hombre despierto, incluso para toda nueva relación en la que entra.

Tomo aquí *madurez* y *formación humana común* como términos equivalentes, y con razón. La formación unilateral es siempre inmadurez; aun cuando en un aspecto pudiera haber sobre-madurez, con seguridad habrá en otros una inmadurez áspera y agria.

El rasgo principal de la madurez es la fuerza, atemperada por la gracia. Todas aquellas exaltaciones violentas, aquellos amplios impulsos y grandes arremetidas son los primeros –y también necesarios– estremecimientos y movimientos de la fuerza que se desarrolla; pero ya no están presentes cuando el desarrollo se ha completado y la bella forma espiritual se ha redondeado en sí misma. O, para decirlo con los términos técnicos de la escuela: cuando sobreviene la madurez, la amable poesía se desposa con la claridad de la mente y la rectitud del corazón, y la belleza entra en alianza con la sabiduría y la fortaleza.

Este es el retrato del hombre maduro y formado, tal como yo lo concibo. Su mente es enteramente clara y está libre de prejuicios de toda índole. Gobierna en el reino de los conceptos y domina el ámbito de la verdad humana en la medida de lo posible. Pero la verdad es para él absolutamente una, un todo único e indivisible, y no antepone una de sus facetas a otra. La formación intelectual es para él solo una parte de la formación total, y no se le ocurre haber alcanzado la plenitud únicamente por ella; del mismo modo que tampoco se le ocurriría prescindir de ella. Ve con claridad –y no rehúye confesarlo– hasta qué punto otros se quedan rezagados en este aspecto; pero no se enardece por ello, porque sabe cuánto depende aquí también de la fortuna. No impone su luz, ni mucho menos el mero brillo de su luz, a nadie; aunque siempre está dispuesto a dar a quien lo pida tanto como pueda llevar, y a ofrecérselo con el ropaje que le resulte más grato, también le parece bien si nadie desea su lámpara. Es íntegro en grado sumo, escrupuloso y severo consigo mismo en su interior, sin hacer externamente el menor alarde de su virtud ni imponérsela a otros mediante declaraciones de honestidad, sacrificios ostentosos o la afectación de una gravedad elevada. Su virtud es tan sencilla –me atrevería a decir, tan pudorosa– como su sabiduría; el sentimiento predominante ante las debilidades de sus semejantes es la compasión benévola, y en ningún caso la indignación airada. Vive ya aquí abajo en la fe de un mundo mejor, y solo esta fe da a sus ojos valor, sentido y belleza a su vida terrenal; pero es el último en imponérsela a nadie, sino que la guarda en sí como un tesoro oculto.

Este es el retrato del ser humano consumado; este es el ideal del masón. Una perfección más alta que la que el ser humano puede alcanzar en general tampoco la pretenderá ni se gloriará de poseerla; su perfección no puede ser otra que una perfección humana, y puramente humana. Todo hombre debe hallarse en constante aproximación a este fin; y si la Orden tiene alguna eficacia, cada uno de sus miembros debe hallarse en esa aproximación de manera más visible y consciente; como ideal propuesto y llevado al corazón, esta imagen debe flotar ante él; allí donde se pose su mirada, debe presentársele; debe convertirse casi en la naturaleza misma en la que vive y respira.

Es muy posible que no todos, e incluso que quizá ninguno de los que se llaman masones, alcance esta consumación. Pero ¿quién ha medido jamás el valor de un ideal, o siquiera de una institución, por aquello que los individuos efectivamente alcanzan? Lo decisivo es qué pueden alcanzar estos bajo las condiciones dadas; qué quiere la institución, con todos los medios de que dispone, y qué señala como meta que sus miembros deben alcanzar.

Tampoco afirmo que los masones sean necesariamente mejores que los demás hombres, ni tampoco que esa misma perfección no pueda alcanzarse fuera de la Orden. Bien podría darse el caso de que un hombre que nunca hubiera sido admitido en la sociedad francmasónica se pareciera al ideal descrito; y en este mismo instante se alza ante los ojos de mi espíritu la imagen de un hombre en quien lo encuentro realizado de manera eminente, y que conoce la Orden, a lo sumo, solo de nombre. Pero ese mismo hombre, si dentro de la Orden y por medio de ella hubiera llegado a ser lo que ha llegado a ser por sí mismo en la gran sociedad humana, estaría más capacitado para hacer a otros semejantes a él, y toda su formación sería más social, más comunicable y, por ello mismo, también interiormente modificada de manera esencial. Lo que surge en la sociedad posee, para la práctica, más vida y fuerza que aquello que se engendra en el aislamiento.

Estas son las indicaciones que quería darte acerca de la acción de la sociedad francmasónica sobre sus miembros. O bien debe producir la feliz aproximación al ideal antes expuesto, o no producir absolutamente nada; lo que está por encima de ello no puede producirse en ninguna parte, y lo que está por debajo puede producirse en todas. Que los miembros deban ser receptivos a su influencia benéfica se entiende por sí mismo; del mismo modo que las disposiciones de una sociedad semejante deben ser de tal naturaleza que tanto el más receptivo como el menos receptivo obtengan en ella provecho y progresen cada uno en la justa proporción que les corresponde.

Y ahora queda aún la pregunta de si esta asociación ejerce también alguna acción sobre el mundo.

SÉPTIMA CARTA

¿Podría plantearse seriamente esta pregunta en tono de duda? ¿Podría preguntarse todavía, de verdad, si la Orden ejerce también alguna influencia sobre el mundo, sobre la sociedad humana en su conjunto?

¿Acaso el hombre que ha sido formado de este modo en el santuario interior de la Orden deja por ello de permanecer en el mundo y de ocupar en él su lugar? ¿No sigue siendo, como antes, esposo, padre de familia, miembro de la sociedad, integrante del estamento que le corresponde en la vida civil? ¿Y puede faltar que la formación adquirida en la Orden, que ha pasado a serle enteramente propia, que constituye ya un componente de su personalidad y que no puede desprenderse de ella de manera arbitraria al salir de la logia, se haga visible en todas esas relaciones? ¿Y no actúa así la Orden, a través de sus miembros, de la manera más benéfica sobre el mundo?

Quiero llamar tu atención sobre algunos puntos que apoyarán tus propias reflexiones.

Nadie desempeña su función en la gran sociedad de manera más adecuada que quien es capaz de ver más allá de ella; quien no solo conoce su puesto, sino que percibe con claridad la sutil línea fronteriza en la que este se inserta y actúa dentro del conjunto social. Del mismo modo que es mejor y más luminoso erudito aquel que no solo domina su disciplina, sino también las colindantes, y aun el campo entero del saber.

Solo quien ocupa así su puesto actúa con plena conciencia y con visión clara para el mundo; el otro no es más que un instrumento ciego, que tal vez funcione correctamente en su lugar, pero cuya eficacia solo es conducida al verdadero fin por el conjunto. El primero sabe cuándo conviene relajar las exigencias y reglas de su estamento, cuándo aplicarlas con rigor y cuándo afinarlas; el segundo no lo sabe, sino que avanza como una máquina, hoy y mañana, por el mismo carril adquirido por la costumbre.

Ahora bien, es la masonería la que eleva a los hombres por encima de su estamento; y al formar hombres, forma al mismo tiempo a los miembros más aptos de la gran sociedad: eruditos y sabios amables y cercanos al pueblo; hombres de negocios no solo hábiles, sino también dotados de juicio; guerreros humanos; buenos padres de familia y educadores prudentes de sus hijos. Sea cual sea la relación humana que se considere, la masonería ejerce sobre ella la influencia más favorable.

La sociedad humana, además, debe encontrarse en un progreso constante; todas sus relaciones han de purificarse y perfeccionarse sin cesar. En particular, un Estado bien gobernado avanza en la legislación, en la administración y en las instituciones educativas, y mantiene siempre el oído abierto a propuestas y mejoras. Un Estado que progresa hacia la perfección no puede servirse de funcionarios que nunca han mirado más allá de la estrecha esfera de su oficio particular y que solo saben avanzar por la vía acostumbrada; tales hombres se vuelven inútiles en cuanto se emprende una mejora. Para no volverse inútiles, se resisten entonces a las reformas y emplean toda su influencia para impedirlas, o bien, incluso con la mejor voluntad de promoverlas, les ocasionan un resultado defectuoso. Allí donde la mayoría de los servidores del Estado es de esta índole, todo permanecerá eternamente igual.

Ciertamente, un estudio profundo de las ciencias eleva ya por encima de ese estrecho círculo del oficio y de la rutina; la ciencia muestra la conexión de todas las relaciones humanas entre sí y señala los puntos desde los cuales es preciso avanzar. Pero ¿ejerce realmente la ciencia esa influencia sobre el mundo? Aun cuando la mayoría estudiara con mayor profundidad de lo que lo hace; aun cuando no olvidara pocos años después aquella erudición a medias que acaso se lleva de la universidad; aun cuando nada de esto ocurriera, ¿de qué sirve el mero saber sin ejercicio?

Aquí es donde interviene la masonería, allí donde nada más puede ayudar, como una institución de ejercicio para la formación en la totalidad; y suple una carencia que la gran sociedad civil necesariamente tenía que dejar.

Te recuerdo aquí de paso el Estado en el que ambos vivimos, al que no podría negársele sin la mayor injusticia el mérito de esforzarse por la perfección. No quiero decidir si esta tendencia procede también de la masonería, que en él ha florecido desde hace largo tiempo, ni si y de qué modo ha sido apoyada hasta ahora por ella; pero puedo afirmar con certeza que, para el futuro, esa tendencia habrá de encontrar en la Orden un apoyo valioso.

Considera además la siguiente observación. En un escrito notable, en el que los estamentos humanos se dividen en dos clases –incluyéndose en la primera a aquellos que se ocupan de la formación del espíritu y del corazón de los demás, así como de su gobierno; y en la segunda a quienes proveen a las necesidades de la vida terrena–, se ha mostrado que la causa principal de la insuficiencia que hasta ahora presentan muchas relaciones humanas reside en la dificultad de la interacción y de la influencia recíproca entre estas dos clases, y que no puede producirse una mejora profunda mientras esa influencia mutua no se halle plenamente establecida.

Si, pues, reconoces conmigo esta falta de conexión e influencia como un mal, habrás de considerar también a la Orden de los Francmasones como el mejor contrapeso y como el medio más adecuado para una mejora auténtica. Pues ella enlaza en su seno, al menos, los extremos de ambas clases, y las aproxima entre sí sin atender a las ocupaciones propias del estamento o de la profesión. Por ello es estrictamente necesario que en una logia –como de hecho suele ocurrir– no se reúnan solo eruditos, sino también no eruditos, y que ninguno mire con recelo al otro por ser esto o aquello.

Un miembro de la segunda clase que aquí aprenda a abandonar su desconfianza, su reserva, su temor, su odio o su desprecio –al menos respecto de los miembros de la primera clase, que son sus hermanos de la Orden–; y un miembro de la primera clase que aquí aprenda a desprenderse de su menosprecio –al menos hacia los miembros de la segunda clase, que son igualmente sus hermanos–, llevará sin duda esa disposición también fuera de la logia, extenderá su mejor juicio a otros miembros de esas mismas clases que no pertenezcan a la Orden y comunicará esa visión más justa a otros no iniciados de su propio estamento.

Un ciudadano íntegro que, por ejemplo, haya advertido en la Orden que un erudito no es necesariamente un pedante, dejará de presuponerlo tan fácilmente también fuera de ella, y compartirá ocasionalmente este descubrimiento con otros ciudadanos íntegros que no sean hermanos. Un erudito que haya aprendido en la Orden que un funcionario o ciudadano sin estudios no es por ello un hombre ignorante o incapaz, con quien no se pueda hablar razonablemente ni de quien no se pueda aprender nada, tratará también fuera de la Orden a tales hombres con estima, y difundirá este descubrimiento en conversaciones y escritos. De este modo, la Orden masónica sería una de las instituciones más importantes para el mundo, que sin ella carecería por completo de algo semejante.

Finalmente –aunque esto solo puedo indicarlo aquí en un rápido esbozo–, la Orden podría incluso actuar de manera directa en favor del Estado, de la Iglesia y del público erudito, y ser utilizada por todas estas sociedades para preparar e introducir gradualmente aquellas mejoras frente a las cuales cabría prever la resistencia de la unilateralidad.

Ahora dispones de datos suficientes sobre la adecuación, la utilidad e incluso la indispensabilidad de la Orden de los francmasones en la gran sociedad humana y civil. Lo que puede producir se te ha hecho claro mediante conclusiones naturales y correctas extraídas de la exposición de su finalidad; su eficacia debe darse necesariamente si su propósito es que sus miembros busquen en esta asociación una formación general y puramente humana, en oposición a la formación particular de estamento. Y este propósito razonable e irreprochable ha de pertenecerle con tanta certeza como que hombres serios, sabios y virtuosos se ocupan de ella de manera constante.

Quiero ahora considerar una objeción que te he oído formular en otro contexto –concretamente en relación con la supuesta fraternidad universal– y que no dejarás de aplicar también aquí. «Si –dirás– las consecuencias dañinas de la unilateralidad han de ser superadas por la Orden, entonces esta no debe fomentar por sí misma ninguna unilateralidad; pero eso es precisamente lo que ocurre en su seno, a causa de los distintos sistemas, claramente delimitados, que se contradicen, se excluyen y se persiguen entre sí».

Tienes toda la razón, Constant, en formular esta objeción, y yo mismo la plantearía contigo si estuviera pensando en algún sistema concreto, y no únicamente en la masonería pura y universal, que es siempre una sola e indivisible. Esta no admite sistemas; y si quieres concluir que esos sistemas excluyentes y persecutorios están todavía muy lejos de aquello que llamamos masonería, no te lo impediré. Limítate, junto conmigo, a mantener firmemente ante la vista el verdadero punto de partida de nuestras investigaciones –el que debemos sostener sin desviarnos– y no te preocupes por las conclusiones que pudieran extraerse de ello respecto de una masonería efectivamente existente.

OCTAVA CARTA

Estoy satisfecho con tu respuesta, mi querido amigo, y me alegra haber contribuido en algo al aumento de tu conocimiento. Me escribes que a menudo he acertado con tus intuiciones y sentimientos más íntimos, y que hasta ahora, en realidad, no he hecho otra cosa que precisar y dar expresión a aquello que tú mismo siempre habías pensado. A mí me ha ocurrido lo mismo al reflexionar sobre ello, y de este modo nuestro conocimiento, en cuanto mero conocimiento, se ha visto ciertamente acrecentado, y nuestros conceptos han sido aclarados. Continuemos juntos por este camino.

Trabajemos ahora para que los principios establecidos hasta aquí resulten suficientes en su aplicación al juicio de los asuntos masónicos: es decir, para juzgar el estado actual de la masonería en general, o para juzgar en particular los rituales, leyes e instituciones masónicas, la conducta masónica de logias y hermanos individuales, y finalmente incluso –en caso de que se estimara necesaria una reforma– para discernir dónde y cómo debería llevarse a cabo dicha reforma. Pero para que estos principios se muestren realmente suficientes para tal fin, deben ser expuestos con mayor detalle y aplicados de manera aún más amplia. Para ello, sin embargo, debemos regresar una vez más a los primeros principios y ponernos de acuerdo sobre ellos.

Primer principio. El fin último de la existencia humana no se halla en absoluto en este mundo presente. Esta primera vida no es sino preparación y germen de una existencia superior, cuya certeza sentimos íntimamente, aunque no seamos capaces de pensar nada acerca de su naturaleza ni de su modo de ser.

Segundo principio. Los fines que nos han sido asignados para la vida presente, así como esta vida misma, solo adquieren para nosotros valor y significado porque aquellos nos son impuestos como deber, y porque únicamente en esta vida pueden llevarse a cabo. Toda nuestra acción posible se nos presenta –y solo puede presentársenos– como una promoción de esos fines supremos de la vida presente. No existe un trabajo ni una preparación inmediata para la eternidad; antes bien, uno se prepara para ella y la alcanza ya aquí abajo únicamente promoviendo, con la voluntad más recta, los fines que nos han sido encomendados en la vida presente.

Así pues, nos ocupamos de manera inmediata y directa únicamente de la vida presente; el fin señalado para ella es el único comprensible, y debe ser promovido por el hombre bueno y sabio con clara conciencia. Queremos reducirlo a los tres puntos principales siguientes y describirlo y desarrollarlo así con mayor precisión.

Primero. La humanidad entera debe constituir una única comunidad puramente moral y creyente. Este es el fin de la Iglesia, entiéndase, de la Iglesia en la idea, tal como existe todavía de algún modo como Iglesia visible. A este fin se ordena toda formación del espíritu como medio.

Segundo. La humanidad entera debe constituir un único Estado plenamente jurídico; la relación de los individuos entre sí dentro de los Estados, así como la relación de estos Estados entre sí sobre la faz de la tierra, debe estar ordenada por completo conforme a la ley eterna del derecho de la razón. Este es el fin de toda legislación en los Estados particulares y de todas las alianzas y tratados entre los pueblos.

A este fin se ordena como medio una buena parte de las ciencias, no si se atiende únicamente a la formación intelectual que proporcionan (como se hizo más arriba en otro contexto), sino a su contenido efectivo.

Tercero, finalmente. El ser racional debe dominar plenamente sobre la naturaleza irracional, y el mecanismo inerte debe quedar sometido al mandato de una voluntad. Cualquier fin que un ser racional, guiado por su naturaleza, pueda proponerse, debe poder realizarse en la naturaleza inanimada que se halla fuera de él, y la naturaleza debe someterse a la voluntad racional.

A este fin sirven como medios, por su contenido, el arte mecánico y una buena parte de las ciencias.

Apliquemos ahora estas ideas principales más de cerca a nuestro propósito.

La promoción de estos fines –o, mejor dicho, de este único fin total de la humanidad– es la que, dentro de la gran sociedad humana, se distribuye entre diversos estamentos particulares, de tal modo que los miembros de estos estamentos se forman exclusiva, o al menos principalmente, solo para su propio estado y más tarde a través de él. Ves que es una consecuencia necesaria de esta organización que los miembros de los estamentos, por regla general, reciban únicamente una parte de la formación humana, y en modo alguno la totalidad de ella, y que la suerte de los individuos sea una mayor o menor unilateralidad del espíritu y de la formación. Según esta disposición necesaria y bajo estas circunstancias, difícilmente se encontrará en parte alguna un hombre completo y cabal; habría que componerlo a partir de varias personas de estamentos distintos y opuestos, pues en una sola persona apenas podría hallarse, en el vasto campo de la sociedad humana general y de sus instituciones ordinarias de formación.

Ahora bien, se trata de llevar esta formación estamental unilateral a un lugar común y fundirla en una formación general y puramente humana; por así decirlo –siguiendo con la imagen antes expuesta–, de hacer efectiva aquella composición de un hombre completo y cabal a partir de varias personas, cada una de las cuales posee algo que pertenece al hombre entero, y hacerlo no solo en el pensamiento, sino de tal modo que, tras la fusión realizada, cada individuo sea por sí mismo, en la medida de lo posible, ese hombre completo y cabal en realidad. Esta tarea no está resuelta en ningún lugar de la gran sociedad; esto te mostré, y que este sea el único fin posible y legítimo de una sociedad menor, surgida por separación de la sociedad mayor, compuesta por hombres de todos los estamentos y de todos los pueblos cultos, y que precisamente se denomina masonería.

De ello extraemos además la importante y evidente consecuencia siguiente: que todo objeto de la formación humana que puede alcanzarse en sociedad, aunque de un modo distinto al de la gran sociedad, es al mismo tiempo objeto de la formación masónica, y que es bueno y necesario que el masón se haya apropiado de la mayor parte posible de la formación, ya sea mediante las ciencias, el arte, los oficios o la experiencia. Solo todo lo unilateral, es decir, aquello que en la gran sociedad resulta de la separación de una rama de la formación respecto del conjunto total de la formación y recae exclusivamente sobre esa rama, así como todo lo accidental que, por las condiciones del tiempo y del lugar, se ha fijado en un determinado ámbito de esa formación, todo ello es separado en la masonería y queda, tras la fusión, como *caput mortuum*[24]. Así, por ejemplo –para citar solo un caso–, la formación religiosa es ciertamente una parte de la educación masónica; pero la religión del masón es algo muy distinto de la de cualquier Iglesia existente, o incluso de la de una secta particular, o aún más de la de los deístas y «ilustradores» bíblicos que filosofan superficialmente y practican una exégesis poco honesta.

---

[24] Latinismo de uso alquímico que significa literalmente «cabeza muerta». Designa el residuo inerte que queda tras una operación de disolución o destilación, aquello que ya no contiene principio activo alguno. Fichte lo emplea aquí en sentido metafórico para referirse a los elementos estériles, accidentales o sin valor formativo que permanecen como desecho después de la purificación y síntesis de la formación humana.

NOVENA CARTA

Antes de dar ahora un paso más, debo tratar previamente una verdad importante y contradecir un prejuicio común cuya presencia en tu espíritu perturbaría gravemente la impresión de lo que aún tengo que decirte. Si esta verdad no te pareciera pertenecer aquí ni encajar en la serie de las ya expuestas, espera a la proposición siguiente y comprobarás cuán exactamente la prepara e introduce.

Formulo mi tesis con palabras claras: toda formación deliberada en la sociedad parte de la formación del entendimiento.

Es cierto –y con esto salgo al paso desde el comienzo a la posible objeción– que no basta en absoluto con reconocer la verdad; es preciso además tener la firme voluntad de obedecerla. Y esta decisión de la voluntad no surge en modo alguno del mero conocimiento, ni puede nadie demostrársela, mediante razones, ni a sí mismo ni a otros; es algo distinto, completamente independiente de la simple intelección, y no hay consecuencia alguna en las palabras: «Debe comprender esto, luego también debe quererlo».

Pero incluso la mejor voluntad –si es que tal cosa fuera posible con un entendimiento profundamente oscurecido– no serviría de nada ni tendría valor alguno si uno no pudiera comprender qué es lo que, con su buena voluntad, debería querer. Aquellos, pues, que gritan al instructor incómodo que les ofrece enseñanza: «¡Nada de saber! Eso será cosa de la escuela. ¡Hacer, hacer, eso es lo importante!», no saben sin duda –por decirlo de la manera más benévola– de qué están hablando.

Hacer, ciertamente, es la cosa, ¡la consumación de la cosa! Pero ¿cómo queréis actuar sin investigar detenidamente y conocer lo que hacéis? ¿Queréis obrar a ciegas, como el animal? Eso, en verdad, no es la cuestión. Quien así hablase y rechazase todo conocimiento en nombre de la acción, me parecería como un ciego que gritara al médico que le promete devolverle la vista: «¿De qué me sirve el simple ver, esa mirada que solo tú podrías darme? Con ello mi conocimiento no aumenta en nada. Fijar los ojos en un objeto, dejarlos reposar en él, contemplarlo, penetrarlo y observarlo con detenimiento: ¡eso es lo importante, eso es la cosa!». ¡Insensato! Ciertamente, eso es la cosa. Pero ¿acaso lanzarás tu mirada recién recuperada, muda y turbia, sobre los objetos como un buey, dejando que las formas se balanceen confusamente ante ella? Así, desde luego, no verás nada con tu mirada. Pero esperas en vano ese dirigir, fijar y detener la mirada de parte de algún médico o de algún colirio: eso debes tomarlo de ti mismo, de tu propia fuerza. Sin embargo, no puedes dirigir ni fijar la mirada si antes no tienes una mirada; y esa quiero dártela yo, por ahora. El uso correcto de ella será entonces asunto tuyo.

Ves, pues, que el querer no es por causa del conocer, sino el conocer por causa del querer.

¿Qué debe decirse entonces a quienes, cuando advierten que alguien se esfuerza por alcanzar un conocimiento claro en todas las cosas, le gritan: «¡Pero el hombre no es solo entendimiento!»? Ciertamente no lo es; es también, para sí mismo –digo, para sí mismo– voluntad; pero nadie puede actuar de manera inmediata sobre la voluntad de otro, ni querer por él, ni introducirse en su querer, ni moverlo o despertarlo. La voluntad brota siempre y únicamente desde dentro, nunca desde fuera hacia dentro.

Yo, por mi parte, solo conozco dos formas de influir en el ser humano. La primera y con mucho la más importante es la instrucción. Ahora bien, el saber no es todavía actuar; para ello cada cual debe decidirse por sí mismo y desde sí mismo. Para conducirlo también a ello, no nos queda más que el segundo medio: el buen ejemplo, mediante el cual se le muestra, en parte, la posibilidad de realizar lo prescrito y, en parte, el atractivo de su realización.

Yo, repito, solo conozco estas dos formas. Sin embargo, recuerdo que tú conoces aún una tercera, que defiendes: quieres mejorar a los hombres también mediante la conmoción y la agitación, mediante lo que llamas el corazón, y mediante la fantasía; una opinión a la que se adhieren todos los oradores públicos. Créeme, Constant, tan cierto como que solo la mejora duradera de la voluntad merece llamarse verdadera mejora, tan cierto es que con esos medios no se logra nada, e incluso que su uso frecuente resulta perjudicial.

Al enternecerse alguien y derramar un torrente de lágrimas, o embriagarse en sentimientos elevados, puede ciertamente ser llevado a una buena acción pasajera o apartado de una mala; pero cuando el embriaguez espiritual pasa, vuelve a ser el mismo de antes, y no hemos ganado nada más que la acción exterior, que nunca puede importarnos si perseguimos el verdadero fin. Más aún: puede suceder muy fácilmente que quien llora con frecuencia y con facilidad crea por ello ser un hombre bueno, y descuide el examen y el trabajo sobre sí mismo que únicamente podrían haberlo salvado.

Así pues, del mismo modo que en toda institución de formación la enseñanza es lo esencial, también lo es en la masonería. A partir de estas premisas, continuaré en las cartas siguientes refiriendo a la enseñanza los objetos de la formación masónica expuestos más arriba y responderé a la pregunta: si las cosas son como he dicho, ¿qué es,

en consecuencia, objeto de la enseñanza masónica, y cómo y mediante qué, por qué carácter esencial, se vuelve
esta enseñanza propiamente masónica?

DÉCIMA CARTA

Como fin último de la humanidad te indiqué que esta debía constituir una única Iglesia de moralidad pura, un Estado plenamente conforme al derecho, y someter la naturaleza irracional al mandato de una voluntad racional. Me detengo ahora en la primera parte de este fin: la formación para la moralidad pura y para la religiosidad, y comienzo con una afirmación que se aparta por completo de la opinión común, a saber: que no existe una educación ni una formación masónica para la moralidad. Más aún: no existe en absoluto, en parte alguna, una educación de este tipo, ni puede existir; y sin duda uno de los rasgos más perniciosos de nuestro tiempo es que aún se crea lo contrario, mostrando con ello que no se conoce en absoluto la verdadera moralidad y que se la confunde, con toda naturalidad, con la urbanidad, la corrección externa, la legalidad y cosas semejantes, para las cuales sí cabe, ciertamente, una educación.

La moralidad (se habla a menudo de *moralidad pura*, cuando en rigor habría que decir simplemente *moralidad*, pues no existe una moralidad impura y lo que es impuro no es, precisamente por ello, moral) la moralidad, pues, consiste en cumplir la obligación reconocida con plena libertad interior, sin ningún impulso externo, únicamente porque es obligación. Esta resolución solo puede tomarla el ser humano desde sí mismo; no puede ser enseñada ni demostrada, y menos aún implorada, arrancada con lágrimas o impuesta por la fuerza.

Esta moralidad interior es en todas partes una y la misma: el buen querer antes descrito, algo positivo que no admite aumento ni disminución, ni cambio ni modificación por efecto de las circunstancias; por tanto, no puede existir –como a veces se cree– una moralidad específicamente masónica. La única moralidad verdadera es aquella a la que me refería en una de las cartas anteriores, cuando afirmé que hay ámbitos que, al no ser en absoluto objeto de formación social, tampoco pueden serlo de formación masónica; ámbitos sobre los cuales cada cual solo puede juzgar consigo mismo y con Dios, y no con ningún otro, y respecto de los cuales incluso la masonería constituiría una profanación.

Existen, desde luego, deberes particulares que la masonería impone a sus miembros, deberes que no tendrían si no pertenecieran a esta sociedad; pero si esos deberes se cumplen por amor puro al deber o por otros motivos, es algo que cada individuo debe resolver consigo mismo, no el masón.

Así pues, aunque no exista una moralidad específicamente masónica, sí existe una religión masónica particular, o –para eliminar todo posible malentendido– una concepción masónica particular de la religión, y precisamente por ello también una formación masónica para la religión; se entiende, para la religión moral, no para la religión eclesiástica, con la cual la masonería no tiene absolutamente nada que ver. Examinemos esto con mayor detenimiento.

La masonería tiene, según la determinación que le hemos atribuido, la tarea de separar, en cada uno de los ámbitos de la formación humana, lo accidental que las condiciones de tiempo y lugar han añadido a cada uno de ellos, así como lo unilateral y exagerado que ha surgido necesariamente de la separación de ese ámbito particular del tronco común de la formación; y de presentar todo lo humano en su pureza y en su articulación con el todo. Este es su carácter, que también debe manifestarse en el caso que nos ocupa.

Ahora bien, la formación religiosa en la sociedad más amplia ha asumido efectivamente una gran cantidad de elementos accidentales y unilaterales; y si alguna vez es necesario neutralizar los efectos de ese modo de formación, ello solo puede hacerse por la vía masónica. Las concepciones religiosas de los pueblos se han vinculado

–como no podía ser de otro modo– a sus costumbres y usos, a sus concepciones de la vida humana, a sus ciencias y artes; y en ello todos tienen tanto derecho como los demás. La divinidad se ha manifestado realmente a todos ellos y se ha revelado poderosamente entre ellos: al judío, en su maravillosa liberación de la servidumbre de Egipto; al romano, en la fundación de su eterno Capitolio; a los árabes, cuando un hombre surgido de entre ellos unificó hordas dispersas e hizo surgir, casi de la nada, un imperio inmenso.

Solo cuando comienzan a enfrentarse entre sí, cuando uno niega la historia del otro y pretende imponerle la suya como la única verdadera, es cuando empiezan a estar en el error. Todo ser humano que nace en una sociedad nace necesariamente en una parte de ella, dentro de una nación determinada, y recibe, junto con los demás productos consolidados de esa nación, también la forma externa y nacional de lo religioso. Los teólogos de todos los pueblos se han esforzado desde siempre por elevar el espíritu de su estamento a espíritu comúnmente humano; y, en ello, solo demasiado bien han tenido éxito.

Esta forma enteramente contingente –que no es puramente humana, sino solo un distintivo de determinados hombres– debe ser abandonada poco a poco por el hombre plenamente formado; no debe ser judío, ni prosélito incircunciso, ni romano, ni árabe *que tiene religión*, sino hombre, sencillamente, que tiene religión.

La concepción religiosa en la sociedad más amplia ha adquirido una unilateralidad innegable por el hecho de haber sido separada del resto de la formación humana y confiada a una institución particular: la Iglesia visible. Para el hombre que no tiene otra tarea –ni debe tenerla– que conducir a otros a la religiosidad, la religión que debe enseñar es, efectivamente, fin y único fin de su vida; la reconoce como tal, y en ello tiene razón. Pero, carente del sentido puramente humano, caerá fácilmente en la tentación de querer hacer semejantes a sí mismo a todos los que lo rodean, y de convertir la religión –no ya la que enseña a otros, sino la que estos deben poseer– en fin y ocupación central de la vida de todos.

Con facilidad llegará a exhortar a quienes le han sido confiados a que se sienten, se vuelvan piadosos y, por iniciativa propia, aspiren a lo eterno. Se le creerá y obedecerá, y –por decirlo del modo más benigno posible– el resultado será una religiosidad profundamente unilateral.

No así el verdadero masón. A sus ojos, este afán por una piedad que existe por sí misma se asemeja al empeño de quien quiere aprender a nadar –y a nadar con elegancia– sin entrar en el agua. No conoce otro camino hacia lo eterno que el cumplimiento escrupuloso de lo temporal, por puro amor al deber. No se siente llamado a apuntar hacia una meta celestial que no puede ver; apunta únicamente al objetivo terreno que se le ha asignado, con la firme confianza de que lo celestial se halla oculto detrás de él, y de que llegará sin esfuerzo adicional alguno, si tan solo alcanza lo terrenal.

Para él, la religiosidad no es algo aislado ni subsistente por sí mismo, como si pudiera uno ser muy fuerte en piedad y, en lo demás, débil, atrasado y moralmente deficiente. No es religioso: piensa y actúa religiosamente. La religión no es para él un objeto, sino el éter en el que todos los objetos se le manifiestan. Aplica todas sus fuerzas a cada tarea que se le presenta en este mundo, de tal modo que el observador podría creer que no le importa nada más que la consecución de ese fin, y que este colma por entero su ser y todos sus impulsos.

Pero, en verdad, el mero existir de ese fin no tiene para él valor alguno por sí mismo; considerado en sí y por sí, carece de toda importancia. Solo aquello invisible e incomprensible que se oculta tras la envoltura de lo terrenal es lo que realmente persigue; y únicamente por razón de ese misterio oculto tiene sentido, para él, lo que el observador percibe.

Su espíritu mora siempre en la eternidad; sus fuerzas, siempre entre los hombres. Pero no se le ocurre en absoluto vivir, en espíritu, en un cielo imaginario mientras deja inactivas sus fuerzas en la tierra; pues no existe espíritu sin fuerza activa que le proporcione materia para pensar.

UNDÉCIMA CARTA

Bien hubiera deseado que no se te escaparan las expresiones *eficacia* y *utilidad* de la religión o de la religiosidad, ni siquiera formuladas como una pregunta dubitativa. La religión no puede ser usada, ni para conservar el orden civil, ni para tranquilizar o consolar, porque no es algo utilizable.

El estamento particular al que se ha confiado la educación religiosa de la sociedad más amplia –y que, además, no ve ni puede ver la eficacia de su propio oficio, puesto que esta, cuando se dirige al verdadero fin, ha de permanecer invisible– puede caer fácilmente en la tentación de buscar utilidad, de procurar a su cargo una eficacia más visible y tangible, y de conferir a su actividad una influencia social y civil. Quien razona así recurrirá al medio habitual: intentar conducir a los hombres a la moralidad mediante el miedo a castigos supraterrenos y la esperanza de una recompensa eterna, y llamar a eso religión.

¡Pobre de él! No sabe que aquello que produce mediante el temor y el afán de recompensa no es en absoluto moralidad, sino solo honradez exterior y legalidad, y que, en la medida de sus fuerzas, contribuye a matar para siempre, en aquellos sobre los que actúa, tanto la moralidad como la religión.

No así el masón. Él sabe que, en la sociedad más amplia, allí donde no hay moralidad, al menos debe imponerse la legalidad exterior; sabe también que es una pretensión falsa y, además, sumamente peligrosa, considerar esa legalidad como una preparación para la moralidad; sabe que esta legalidad solo debe existir y mantenerse con toda energía para que la sociedad humana pueda subsistir. Pero jamás se prestará a ese fin, pues sabe asimismo que para ello el Estado ya ha dispuesto cárceles, presidios y otras instituciones bien conocidas; y está muy lejos de desear que lo más sagrado que posee la humanidad, la religión, sea degradado hasta convertirse en sustituto de los verdugos que faltan.

En lo que concierne al propio masón y a la sociedad masónica, se entiende por sí mismo que quien aún necesita la disciplina del premio y del castigo para seguir siendo un hombre honrado no pertenece en absoluto a esta sociedad, pues, lejos de necesitar una corrección de la formación recibida en la sociedad, esa formación ni siquiera la ha alcanzado todavía; y, por tanto, no puede contarse con él en las instituciones masónicas.

El masón debe hacer el bien y evitar el vicio por sentido del deber, o al menos por sentido del honor, aun cuando –aunque esto sea imposible– no supiera ni creyera absolutamente nada de Dios o de la religión; y ello no como masón, sino como ser humano que sea siquiera capaz de la masonería tal como la concebimos.

La religión, por consiguiente, no puede ni debe ser considerada ni utilizada por el masón como estímulo para la virtud, aunque fuera solo por el motivo ya aducido más arriba: porque no puede serlo, dado que todo aquello que se funda en un impulso externo es, precisamente por ello, inmoral.

Inofensivamente –según tu expresión– podría quizá emplearse la religión para la tranquilidad del espíritu y del corazón, para calmarse ante la apariencia de contradicción entre la ley del deber y el curso del mundo. Pero tampoco para esto la emplea el masón consumado, pues no necesita tal consuelo.

Ciertamente, es la contemplación de esa contradicción lo que conduce a todo hombre a la religión. En lo más íntimo de mi ser se me presenta un fin, ese último fin terrenal de la humanidad; se me imponen acciones, trabajos y sacrificios para ese fin. No puedo negar obediencia a esa voz de mi corazón. Pero cuando observo el curso de los acontecimientos y de los destinos del mundo, parece que todo mi trabajo para ese fin se pierde, e incluso que a veces lo obstaculiza. Todo parece estar dirigido por una fuerza invisible y ciega, sin consideración alguna por mi esfuerzo, tan bien o tan mal como sucede.

Esta consideración, Constant –que pronto se impone al hombre concienzudo pero observador frío– es la que conduce al ser humano a la religión y la que, en lugar del fin terrenal en el que desespera sin dejar por ello de trabajar, le propone un fin invisible y eterno.

Así pues, quizá sea la necesidad la que lo conduzca a la religión; pero el hombre plenamente formado –y es a este a quien quiero pensar como masón– no permanece en ese estadio. Ahora posee religión; esta se ha convertido en un componente de su propio ser. Ya no la necesita, precisamente porque la posee. La ley del deber y el curso del mundo ya no se contradicen, porque ahora conoce un mundo superior, del cual este mundo visible no es sino la manifestación que lo ejercita y lo pone a prueba. La duda que lo condujo a la fe ha quedado para él definitivamente resuelta.

De este modo, su religión adquiere exactamente el carácter que he señalado más arriba: deja de ser objeto de su acción para convertirse –si se me permite expresarlo así– en miembro y herramienta de toda su acción. No es algo que aún deba producir, recordar o a lo que deba exhortarse, sino aquello por medio de lo cual, sin conciencia reflexiva de sí mismo, produce todo lo demás. Es el ojo de su vida: un ojo que no ve cuando se deja a sí mismo, ni cuando le es devuelto por el espejo de una reflexión artificial, pero mediante el cual ve todo lo demás que ve.

Y con esto creo haber agotado cuanto, desde el punto de vista masónico, concierne a la primera parte del fin total de la humanidad. Me he detenido en ella con mayor amplitud porque sirve para esclarecer lo que sigue y porque quería ofrecerte, precisamente en este punto capital, un ejemplo más desarrollado de la doctrina y de la concepción masónicas. En las entregas que aún habrán de llegarte por mi parte, me expresar é con mayor brevedad.

DUODÉCIMA CARTA

El segundo punto principal del fin total de la humanidad se refiere, según expuse en mi octava carta, a la producción de una constitución plenamente jurídica entre los hombres: entre los ciudadanos dentro del Estado y entre los Estados entre sí, de modo que toda la humanidad llegue finalmente a constituir un único Estado, ordenado y gobernado únicamente conforme a la ley eterna del derecho de la razón. Ahora solo resta indicar la disposición moral y el modo de pensar del verdadero masón, por medio de los cuales contribuye a la realización de este fin capital de la humanidad. Puedo hacerlo de manera breve y precisa en lo siguiente.

Tal como, a sus ojos, el fin terreno se relaciona con el fin eterno, así se relaciona para él el fin inmediato y presente del Estado en el que vive con el fin terreno de la humanidad entera. Así como todo lo terrenal solo le significa lo eterno y solo adquiere valor para él por medio de ese eterno, del cual reconoce lo terrenal como simple envoltura, así también todas las leyes y disposiciones de su Estado, y todos los acontecimientos de su tiempo, le significan únicamente al conjunto del género humano, se refieren para él exclusivamente a la humanidad en su totalidad y solo en esa relación poseen valor y sentido.

No creas, sin embargo, que de ello se siga que el hombre plenamente formado quede desligado de su Estado y se entregue a un cosmopolitismo tibio y estéril. Muy al contrario: precisamente gracias a esta disposición se convierte en el ciudadano más perfecto y más útil. Pues del mismo modo que, en lo relativo a la religión, aun teniendo su espíritu enteramente orientado hacia lo eterno, consagra toda su fuerza a lo terrenal, así también, en lo relativo a la juridicidad, dedica toda su energía a su Estado, a su ciudad, a su cargo, al pequeño lugar de la tierra en el que vive en ese momento, aun cuando su pensamiento se dirija al conjunto. En su ánimo se hallan íntimamente unidos el amor a la patria y el sentimiento de ciudadanía universal, y ambos se encuentran además en una relación bien determinada. El amor a la patria es su acción; el cosmopolitismo es su pensamiento; el primero es la apariencia visible, el segundo el espíritu interior de esa apariencia, lo invisible en lo visible.

Pues, del mismo modo, querido Constant, que una religión que pretenda subsistir por sí sola es vana, desviada e incluso ridícula, así también lo es un cosmopolitismo que quiera existir por sí mismo y excluya el patriotismo. Es entonces cuando el cosmopolita[25] –así concebido– afirma: «Lo particular no es nada; yo pienso, me preocupo y vivo solo para el todo. Es el todo el que debe mejorar, sobre el que deben extenderse el orden y la paz».

Muy bien, pero dime entonces cómo piensas actuar sobre ese todo con las benévolas disposiciones que afirmas albergar hacia él. ¿Pretendes beneficiarlo de manera general e indistinta? ¿Acaso el todo es algo distinto de las partes singulares reunidas en el pensamiento? ¿Puede mejorar el todo de algún modo si no comienza a mejorar en alguna parte singular? Empieza, pues, por mejorarte a ti mismo, y luego procura mejorar también a tus dos vecinos, a derecha e izquierda; pienso que el todo habrá mejorado efectivamente, pues contará ahora con uno, dos o tres individuos que se han vuelto mejores.

Esto lo comprende el masón; y por eso su cosmopolitismo se manifiesta mediante la más vigorosa actividad en el lugar concreto en el que se encuentra. Sean cuales sean las leyes civiles bajo las que vive, y por profundamente que pueda reconocer sus deficiencias, las obedece

---

[25] Fichte no se refiere aquí a un individuo real, sino a una figura conceptual: el *cosmopolita abstracto*, que proclama un amor exclusivo por la humanidad en general mientras desprecia o niega toda vinculación concreta –patria, Estado, deberes cívicos inmediatos–. Esta posición, frecuente en ciertos discursos ilustrados tardíos, es presentada deliberadamente de forma esquemática para ser refutada: Fichte sostiene que el verdadero cosmopolitismo solo puede realizarse a través de la acción responsable en un marco concreto, y que un universalismo que prescinde de lo particular se vuelve vacío e inoperante.

como si fuesen dictámenes de la razón pura misma; pues sabe que unas leyes y una constitución imperfectas son mejores que ninguna, que las leyes imperfectas son la preparación para otras mejores, y que ningún individuo tiene derecho a modificarlas o abolirlas sin el consentimiento de todos, mientras que nadie puede anularlas mediante una desobediencia tácita. Solo cuando los mandatos que su Estado le impone son directa e indiscutiblemente contrarios al derecho, entonces, sin más, se entiende que no los ejecuta, aunque ello le conduzca a la ruina; y esto no como masón, sino simplemente como hombre íntegro.

Fuera de este único caso, sean cuales sean los encargos y fines del Estado, aun cuando se hallen muy por detrás de aquello mucho mejor que, según su juicio, debería realizarse, los cumple con un cuidado y una aplicación de fuerzas como si no tuviera otra cosa que hacer. Pues él no está llamado a ordenar, sino a obedecer, y sabe que, en el curso del conjunto, se cuenta con su obediencia. Solo en esto se distingue de quienes obedecen por miedo, por interés o por costumbre: en que él lo hace todo únicamente por el bien del todo y en atención al todo.

En cuanto al tercer componente del fin total de la humanidad –a saber, que la naturaleza carente de razón sea sometida plenamente a la voluntad racional y que el ser racional domine el mecanismo inerte–, pertenece esencialmente a su modo de pensar el reconocer este fin como propio de la humanidad. Por ello contempla y valora toda actividad humana, por insignificante que parezca, desde este punto de vista. El conocimiento de este fin y el respeto que le profesa le sirven para no estimar a los hombres según el lugar grande o pequeño que ocupan por azar, sino según la fidelidad con la que desempeñan su función. El trabajo mecánico más humilde, considerado desde esta perspectiva, se iguala al más elevado trabajo espiritual, pues tanto el uno como el otro amplían el dominio de la razón y extienden el territorio que ha conquistado. Un campesino o un artesano que, por deber y por el bien del todo, ejerce su labor con auténtica dedicación y atención, y tiene éxito en ella, ocupa, a los ojos de la razón, un rango superior al del erudito incapaz o al del filósofo inútil. Quien se apropia de esta manera de ver no solo juzgará el mundo y sus relaciones con justicia, sino que también elevará su propio valor mediante el elevado punto de vista que ha alcanzado.

Producir, consolidar y vivificar esta disposición de ánimo: a esto, amigo mío, debe orientarse toda enseñanza que yo llamo masónica. Ahora podrás calcular por ti mismo cómo debe impartirse y recibirse tal enseñanza, del mismo modo que sabes que sin enseñanza no puede alcanzarse nada.

DECIMOTERCERA CARTA

Antes de añadir ahora, querido Constant, lo que aún deseo decirte en el curso de estas cartas, recorramos brevemente, con pocas palabras, todo el camino que hemos seguido.

La masonería, según nuestras investigaciones, es una institución destinada a borrar la unilateralidad de la formación que el ser humano recibe en la sociedad más amplia y a elevar esa formación meramente parcial a una formación general y puramente humana. Nos preguntamos: ¿cuáles son las partes y los objetos de la formación humana que deben alcanzarse en esta institución? Y respondimos: la formación para la religión, como ciudadanos de un mundo invisible; la formación para el Estado, como ciudadanos de alguna parte del mundo visible; y, finalmente, la formación para la destreza y la habilidad, como seres racionales llamados a dominar la naturaleza carente de razón. Volvimos a preguntar: ¿cuáles son los medios de la institución para hacer llegar esta formación a sus miembros? Y respondimos: la enseñanza y el ejemplo. Solo entonces pudo formularse la pregunta decisiva: ¿qué es, propiamente, aquello a lo que tienden la enseñanza masónica y el ejemplo masónico?

Respondimos: en lo religioso, la separación de todo lo accidental que las condiciones de tiempo y lugar han introducido en la concepción religiosa de la sociedad, por lo cual la religión es presentada de forma unilateral, ya sea como fin único y separado de toda nuestra acción, ya sea como medio para algún fin sensible.

En lo relativo a la formación para la ley y el derecho, la unión más íntima del sentimiento de ciudadanía universal con el sentimiento de ciudadanía estatal, en virtud de la cual el masón obedece las leyes de su país y las disposiciones de su autoridad con la mayor puntualidad, no como si su país fuese lo único existente –patriotismo devastador, como el de los romanos–, sino porque es una parte de la humanidad entera.

Finalmente, en lo que concierne al fin de someter la naturaleza a la razón, el conocimiento de este fin le sirve, por un lado, para exhortarse a sí mismo a la fidelidad en su vocación y para conferir a sus tareas aparentemente subordinadas un punto de vista más elevado; y, por otro, para proporcionarle la medida verdadera del respeto hacia los fieles promotores de los fines de la humanidad, cualquiera que sea el puesto que ocupen. A producir estas convicciones, que conducen a esta forma de pensar, debe dirigirse –concluí– toda enseñanza masónica.

En cuanto a aquello en lo que se fundamenta el ejemplo masónico como tal; a cómo se hace visible entre los miembros de la institución una forma de actuar en la que no puede desconocerse la amplitud de su disposición moral y la pureza de su modo de pensar; a cómo cada uno aspira a cooperar al bien de los demás sin arrogancia ni vanidad, con sacrificio de sus pretensiones civiles, eruditas o artísticas, y únicamente bajo la consideración de la utilidad y aplicabilidad fecundas para la vida, orientadas a la formación puramente humana –todo esto, Constant, podrás abstraerlo y desarrollarlo por ti mismo a partir de lo dicho.

Por ahora queremos ocuparnos conjuntamente solo de la enseñanza masónica y, tras haber considerado su materia, examinar aún cómo puede surgir, transmitirse y multiplicarse una enseñanza de esta índole.

También en esta investigación, como en todo lo anterior, permanecemos firmemente en el punto de vista de un no iniciado, que históricamente no sabe nada de misterios ni de órdenes más allá de lo generalmente conocido, pero que razona con amor a la verdad y de manera consecuente. Te lo recuerdo de nuevo, querido Constant, para que no creas que, porque un iniciado te habla, puedas obtener por ello algún conocimiento positivo; me sitúo exactamente a tu nivel y me limito a dar expresión a aquello que tú mismo podrías pensar sobre el asunto indicado.

Mientras los hombres –continuamos ahora argumentando–, en el estado natural, no se forman propiamente a sí mismos, y ello con conciencia, intención y conforme a una regla, sino que son formados por las circunstancias a las que se entregan pasivamente, no puede hablarse todavía de aquella formación que aquí entendemos, ni de una formación pública en la gran sociedad civil, ni de una formación secreta en una asociación más estrecha y separada. En ese estado, la humanidad solo madura hasta adquirir la capacidad de una formación reflexiva y calculada.

Esta madurez llega, y surgen estamentos particulares, instituciones religiosas o un sacerdocio, leyes, constituciones y autoridades; surge, en una palabra, aquel estado del género humano que describí en una de las primeras cartas. Dado que, según mi supuesto, todos parten inicialmente del mismo punto, del estado natural, la diferencia de su formación no puede ser al principio muy notable, ni la unilateralidad y parcialidad de esa formación muy grandes.

Pero la separación perdura; las nuevas generaciones humanas nacen desde entonces dentro de un determinado estamento y para un determinado estamento. Con cada nuevo siglo, los distintos estamentos se encuentran más nítidamente separados entre sí; y entonces aparecen gradualmente, junto con las ventajas de la formación social, también los inconvenientes antes descritos, y con ellos la necesidad de remediarlos por el único camino posible: mediante una asociación separada.

No ignoro que en varios Estados y constituciones, especialmente del mundo antiguo, existieron diversas instituciones y disposiciones plenamente públicas que se oponían a una separación tan rígida de los estamentos como la que vemos en el mundo moderno, y que produjeron un cierto equilibrio en la formación de todos. Pero sé igualmente que tales instituciones solo existieron en muy pocos Estados del mundo antiguo y que, incluso allí, estuvieron lejos de producir una igualdad plena de la formación intelectual.

En una palabra, las deficiencias de la formación humana que, según nuestras conclusiones, solo pueden ser superadas mediante una asociación como aquella en la que concebimos la masonería actualmente existente, deben de ser casi tan antiguas como la propia constitución social en su conjunto, pues son una consecuencia necesaria de ella. Si han existido, sin duda también han existido siempre hombres excepcionales que las hayan advertido. Y si han sido advertidas, sin duda aquellos que las advirtieron encontraron al mismo tiempo el único medio posible para remediarlas: la separación en sociedades cerradas con el fin de la formación puramente humana, y se unieron con otros afines para llevar a cabo sus ideas. Es, por tanto, altamente probable que desde siempre haya existido, junto a la formación pública en la sociedad, una formación secreta, es decir, separada de la pública y necesariamente separable, que ha acompañado a aquella, ha ascendido y decaído con ella, ha ejercido sobre ella una influencia imperceptible y, a su vez, ha ganado o sufrido bajo la influencia de aquella; como, por ejemplo, Pitágoras y su célebre asociación en los Estados de la Magna Grecia[26].

Establecemos, pues, como la primera proposición digna de nuestra atención, la siguiente: es muy probable que, hasta donde alcanza la historia, hayan existido siempre instituciones formativas secretas, esto es, separadas de la pública y necesariamente separables de ella.

Veremos en adelante qué consecuencias pueden extraerse de esta proposición.

---

[26] La alusión a Pitágoras remite a la tradición antigua que presenta a la comunidad pitagórica como una asociación iniciática y disciplinaria, con reglas de vida comunes, transmisión oral del saber y una influencia política y moral significativa en varias ciudades de la Magna Grecia (siglos VI–V a. C.). Fichte la menciona como ejemplo histórico verosímil de una formación reservada que coexistía con la cultura pública y ejercía sobre ella una influencia indirecta, sin identificarla sin más con la francmasonería ni postular una continuidad histórica directa.

DECIMOCUARTA CARTA

Solo allí donde no existen instituciones públicas de formación dentro de una sociedad mayor organizada surgen instituciones formativas secretas. Entre pueblos rudos y salvajes, o entre pueblos de pastores errantes, no se necesita institución alguna para corregir la unilateralidad de un sacerdocio o de una legislación, pues ni siquiera han madurado todavía hasta llegar a un sacerdocio o a una legislación. Entre ellos, por tanto, no hay que buscar misterios, salvo una superstición grosera; no misterios destinados a corregir y elevar una verdad nacional autorizada, porque ni siquiera poseen aún una verdad nacional.

El curso que ha seguido la formación pública lo conocemos, en líneas generales, gracias a la historia pública. Es cierto que el origen y la primera fuente de esta formación se ocultan en una oscuridad secreta o se envuelven en poesía mítica; e incluso encontramos más tarde pueblos de alta cultura –piénsese tan solo en los hindúes y en los chinos– cuya historia formativa no se inserta en absoluto en la cadena que podemos abarcar con la mirada, no constituye eslabón alguno de ella y remite, por sí sola, a una fuente más elevada de la cultura de nuestro género humano que aquella que conoce nuestra historia.

Sin embargo, dejando esto a un lado, también en nuestra historia percibimos un progreso y una cadena ininterrumpida de la cultura, que desciende desde los egipcios hasta los griegos, de estos a los pueblos de Asia Menor, de estos nuevamente a los griegos, de ellos a los romanos y, tras la unión con el cristianismo surgido entretanto en Oriente, hasta los europeos modernos.

En toda esta sucesión fueron necesarias instituciones formativas secretas. Es probable, conforme a nuestro primer principio establecido más arriba, que efectivamente hayan existido.

Toda la cultura pública en el periodo y la serie de pueblos descritos es siempre una y la misma cultura: un hilo continuo que adopta únicamente el sello del carácter nacional de cada pueblo al que llega y que, con los progresos del espíritu humano en cada uno de ellos, se desarrolla y perfecciona.

Es, por tanto, sumamente probable –y esta es la segunda consecuencia natural que extraemos desde el punto de vista del no iniciado– que una cadena igualmente continua de cultura secreta se haya entrelazado, junto a aquel hilo de la cultura pública, a lo largo de los mismos tiempos y pueblos, y haya llegado, del mismo modo que aquella, hasta nuestros días; es posible que, así como el cristianismo, procedente de otra fuente, se unió a la cultura pública, del mismo modo la cultura secreta existente se haya vinculado, en ese mismo periodo, a la cultura secreta de aquellos pueblos orientales de cuya cultura pública surgió el cristianismo.

En estas reflexiones tienes un material rico para la meditación, y dependerá en gran medida de cómo hayas comprendido el conjunto de mi deducción el percibir la coherencia y la fecundidad de esta consecuencia. Para avanzar más, me veo obligado a penetrar algo más profundamente en la esencia de la enseñanza que solemos llamar masónica; por razones de tiempo y de espacio, reservo esta tarea para la carta siguiente.

DECIMOQUINTA CARTA

Paso sin más a la investigación que sigue.

En lo que respecta a la cultura pública, fue sin duda conveniente que, dado que a ella debe tener acceso cualquiera que sea receptivo a ella en la mayor medida posible, se fijara en monumentos duraderos, una vez inventado el arte de otorgar duración y visibilidad ante los ojos al pensamiento fugitivo y a la palabra pasajera. A la cultura secreta, en cambio, conforme a su esencia, no debe tener acceso todo el mundo, sino solo aquel que ya haya recorrido la cultura pública y se haya perfeccionado en ella hasta donde le sea posible. La cultura secreta no puede, como resulta claro de todo lo dicho, preceder a la pública; más bien la presupone; tampoco puede avanzar junto a ella sin que se frustren los fines de ambas; únicamente puede seguirla.

Ahora bien –permíteme desarrollar este punto con el mayor cuidado– al auténtico objetivo de toda cultura secreta, la formación puramente humana, que mi sexta carta te presentó en un bosquejo apenas esbozado, se puede llegar por dos caminos: o bien en soledad, mediante el talento, la reflexión profunda y la investigación, formando el espíritu y el corazón según los resultados de esa reflexión; o bien por medio de la sociedad, lo cual no puede ser entonces la sociedad civil mayor (pues precisamente en ella tuvo lugar aquel estado aislado), sino solo una sociedad menor y separada.

En el primer caso, nuestra concepción, al haber surgido por la vía de la reflexión, adopta la forma misma de la reflexión: se argumenta, se dialéctica, se demuestra, se refutan y fundamentan conclusiones. Nada impide que, en esta forma, se predique desde los tejados, si así se quiere, que se transcriba, se imprima y cosas semejantes.

Así, para tomar un ejemplo esclarecedor de la realidad, es perfectamente posible que yo, en estas cartas dirigidas a ti, profano, haya intentado exponer, según mi mejor saber y mis fuerzas, el espíritu más íntimo de todos los posibles misterios, sin haberme reservado nada en absoluto, y sirviéndome siempre de la forma del razonamiento y del lenguaje ordinario. Y, sin embargo, estoy muy seguro de no haber revelado ni a ti ni a nadie que casualmente pudiera leer estas cartas la menor cosa que no le fuera lícito saber o que yo no pudiera decir. De igual modo, en todas las librerías hay libros de venta pública que, aunque tratan de la masonería, no revelan de ella una sola palabra; y, por otra parte –y fíjate bien en esto– en todas las librerías hay libros de masones y de no masones que no mencionan la masonería ni una sola vez, cuyos autores quizá no saben una palabra de ella, y que, sin embargo, son plenamente masónicos.

Por consiguiente, repito, nada impide que, bajo esta forma, se hagan comunes los misterios, pues lo que se hace común es únicamente el discurso o la escritura, no los misterios mismos. Quien no los tenga ya en sí, jamás los comprenderá. Para él, el discurso se transforma en una serie de sonidos incomprensibles y la escritura en papel blanco; o, si llega a extraer algún sentido, este será muy secundario y parcial, nunca el entero y pleno que la exposición pretendía. Entonces se discute y, por así decirlo, se concluye un tratado de partición acerca de hasta qué punto se quiere admitir lo afirmado y hasta cuál no; y con ello siempre se gana algo: al menos se prepara el camino de la verdad. El no comprender o comprender mal produce, en cambio, un daño muy pequeño, tan pequeño como si no hubiera ninguno. ¿Qué es, al fin y al cabo, lo que se malinterpreta, sino un filosofema? ¿Y a qué se perjudica con ello, si no, a lo sumo, a la aureola del autor de ese filosofema, quien, si posee tan solo una chispa de auténtico espíritu, no concede valor alguno a su aureola?

Pero en lo que respecta al segundo caso, cuando alguien adquiere la cultura puramente humana mediante una sociedad secreta (esto es, simplemente separada), la enseñanza destinada a esa sociedad cerrada habrá adopta-do con facilidad una forma completamente distinta: no la del razonamiento, que invita a la disputa al presentar razones, al exhortar a examinarlas y al no pretender valer más allá de lo que alcanzan esas razones; sino la de la simple narración: «Así es; lo sabemos; y todo aquel que se ponga a nuestra altura lo sabrá también».

Esta enseñanza se dirigiría entonces, no de modo ex-clusivo al entendimiento, como la primera, sino más bien a la totalidad del ser humano, y por ello no admiti-ría la disputa propiamente dicha; y, finalmente, puesto que, según el supuesto, desciende desde la más remota antigüedad, estaría revestida de expresiones metafóricas e imágenes.

Cuando una enseñanza de este tipo llega a quienes aún no son receptivos para ella, entonces, como se entiende sin dificultad, se la comprende tan poco como a la prime-ra, la filosófica y razonadora. Pero frente a ella no se disputa ni se entra en tratados, porque ella misma no los ofrece y exige ser aceptada sin división; antes bien, se la rechaza de plano como radicalmente falsa y visionaria, o bien, si uno se queda prendido de las imágenes, como contradictoria y absurda; se burla de ella y se la entrega al escarnio público. A partir de ese momento, sin embar-go, no queda censurado, como en el primer caso, un in-dividuo, sino que el fin mismo de una sociedad absolu-tamente necesaria queda frustrado para siempre.

Esta enseñanza de la sociedad separada –y esto es lo que quería indicar– no pudo, por tanto, ser jamás fijada en monumentos duraderos accesibles a cualquiera a quien el azar pudiera conducir hasta ellos. Solo podía ser comunicada a aquel cuya receptividad hubiese sido examinada y comprobada con madurez. En quien no la comprende, muere antes de nacer; quien la comprende verdaderamente y la aprecia como es debido, con toda seguridad no la transmite sin reflexión. Y puesto que incluso en ese examen de las personas era posible errar, fue necesario recurrir a medios externos, tales como las promesas solemnes, para asegurarse de la discreción, incluso en lo que respecta a las formas externas.

Y con ello llego a mi tercera consecuencia importante. Es muy probable –así concluyo– que la doctrina secreta solo pudiera transmitirse por tradición oral, y de ningún modo por escrito; más aún, que la comunicación escrita debiera estar estrictamente prohibida. Si, por tanto, nuestra suposición anterior, según la cual una cadena ininterrumpida de cultura secreta habría descendido paralela a la pública desde la Antigüedad hasta nuestros tiempos, tuviera fundamento, entonces no habría que buscar la doctrina secreta en libros, sino únicamente en una tradición oral aún viva; suposición que parece verse confirmada también por el hecho de que, en la época del surgimiento de los antiguos misterios, todavía no se dominaba adecuadamente la fijación escrita de las ideas, y de que en asuntos secretos y sagrados suele mantenerse el método antiguo.

Conozco muy bien todos los inconvenientes de la transmisión oral y toda la dificultad de llevar algo, dentro de una cadena de tradición semejante, hasta la verdad demostrable; pero sé al mismo tiempo que existen medios, accesibles incluso al mero pensamiento y sin instrucción histórica, para contrarrestar esos inconvenientes y aliviar esas dificultades; en una palabra, que es posible una prueba de la autenticidad de una tradición oral de ese tipo, aunque su exposición me llevaría demasiado lejos.

No obstante, no puedo abstenerme de una observación que aquí se me impone y que considero significativa; es la siguiente: no podía dejar de ocurrir que una cultura secreta existente influyera en la pública, que muchos acontecimientos de la historia pública, que aparecen en ella de manera fragmentaria, se comprendan plenamente a partir de la historia cultural secreta, y que algunas personas que fueron miembros de la transmisión secreta aparezcan al mismo tiempo como figuras notables en la historia pública. Es, por tanto, perfectamente concebible que la historia pública pueda explicarse a partir de la secreta.

Pero a la inversa, conforme a los principios que acabamos de establecer, era necesario que los poseedores de la doctrina secreta abandonaran inmediatamente todo aquello que, por alguna falta suya, pasara al conocimiento público, que se despojaran de ello y no continuaran edificando sobre esa base; de modo que la historia de la cultura secreta no puede demostrarse adecuadamente a partir de la pública, y que ninguna fecha de esta última pueda ser al mismo tiempo fecha de la primera. Todo aquello que llegaba a manos públicas dejaba, por ese solo hecho, de ser parte del saber secreto; y así, los intentos de reconstruir una historia secreta a partir de la historia pública han de realizarse con la mayor cautela.

EPÍLOGO EDITORIAL

Las *Cartas a Constant* pertenecen a la última etapa creativa de Johann Gottlieb Fichte, no tanto por su fecha estricta de redacción como por su orientación espiritual e intelectual. Escritas entre 1802 y 1803, estas cartas no constituyen un proyecto inconcluso ni un fragmento abandonado, sino una obra cerrada en sí misma, deliberadamente concebida como una serie de exposiciones progresivas, destinadas a conducir al lector desde una comprensión externa y problemática de la masonería hasta su justificación filosófica más profunda.

Tras la redacción de estas cartas, Fichte no volvió a tratar la masonería de forma sistemática. Su pensamiento se desplazó hacia otros frentes urgentes: la reflexión sobre el Estado, la educación, la nación y, en los años inmediatamente posteriores, la crisis histórica abierta por las guerras napoleónicas. En ese contexto, la masonería deja de ocupar el centro del escenario, pero no porque Fichte la abandone, sino porque el núcleo de lo que le interesaba en ella –la formación integral del ser humano, la mediación entre individuo y sociedad, la responsabilidad moral frente a la historia– pasa a expresarse en otros registros y bajo otras figuras conceptuales.

El fallecimiento de Fichte en 1814, en circunstancias marcadas por la guerra y la epidemia, confirió retrospectivamente a estas cartas un carácter casi testamentario. No en el sentido de una recapitulación de su sistema filosófico, sino como expresión particularmente clara de su convicción fundamental: que la libertad humana no se realiza en el aislamiento ni en la mera obediencia externa, sino en formas de vida compartidas, exigentes, conscientes de sus límites y de su carácter histórico. La masonería aparece aquí no como una reliquia del pasado ni como un refugio esotérico, sino como una posibilidad concreta –y necesariamente frágil– de encarnar esa exigencia.

Leídas hoy, las *Cartas a Constant* no reclaman adhesión ni pertenencia. Tampoco proponen una restauración institucional. Su vigencia reside en otro lugar: en la pregunta que las atraviesa de principio a fin y que permanece abierta. ¿Cómo puede una comunidad humana trabajar activamente contra la unilateralidad que ella misma produce? ¿Cómo puede la formación moral y racional del individuo sostenerse sin convertirse en dogma, poder o mera sociabilidad vacía?

Fichte no ofrece respuestas definitivas. Pero traza con rigor los límites dentro de los cuales esas respuestas pueden ser buscadas sin traicionar la libertad que las hace necesarias. En ese gesto –más que en cualquier conclu-sión cerrada– se encuentra quizá el sentido último de esta obra y la razón por la que, más de dos siglos después, sigue interpelando al lector atento.

BIBLIOGRAFÍA

Beiser, Frederick C., *The Fate of Reason: German Philosophy from Kant to Fichte (El destino de la razón: La filosofía alemana de Kant a Fichte)*, Cambridge (MA), Harvard University Press, 1987. Estudio clásico sobre la crisis de la razón ilustrada y el contexto filosófico en el que surge el idealismo alemán. Fundamental para comprender el trasfondo polémico de Fichte frente al racionalismo, el escepticismo y el moralismo ilustrado.

— *German Idealism: The Struggle against Subjectivism (El idealismo alemán: La lucha contra el subjetivismo), 1781-1801*, Cambridge (MA), Harvard University Press, 2002. Marco histórico-filosófico indispensable para situar a Fichte entre Kant y sus contemporáneos. Ilumina la transición desde la crítica kantiana hacia una concepción activa y práctica de la subjetividad.

Breazeale, Daniel, *Thinking Through the Wissenschaftslehre (Pensar a través de la Wissenschaftslehre: Temas del idealismo de Fichte)*, Oxford, Oxford University Press, 2013. Análisis riguroso de los conceptos fundamentales de la *Doctrina de la ciencia*. Permite comprender los presupuestos trascendentales que sostienen, de forma implícita, las tesis prácticas de *Cartas a Constant*.

Breazeale, Daniel (ed.), *The Cambridge Companion to Fichte (Guía de lectura de Fichte)*, Cambridge, Cambridge University Press, 2016. Obra colectiva de referencia. Varios capítulos son esenciales para la ética, la filosofía política y la concepción educativa de Fichte presentes en estas cartas.

Cassirer, Ernst, *Filosofía de la Ilustración*, México, Fondo de Cultura Económica, 1993. Síntesis magistral del espíritu ilustrado europeo. Resulta clave para comprender tanto la herencia como la crítica que Fichte dirige a la Ilustración tardía.

— *The Myth of the State (El mito del Estado)*, New Haven, Yale University Press, 1946. Aunque centrado en el siglo XX, ofrece categorías conceptuales útiles para analizar la instrumentalización de la religión y del Estado, contra la que Fichte polemiza.

Fichte, Johann Gottlieb, *Grundlage der gesamten Wissenschaftslehre (Fundamento de toda la Doctrina de la ciencia)*, Jena y Leipzig, Gabler, 1794-1795. Texto fundacional del sistema fichteano. Sus principios estructuran subterráneamente la concepción de libertad, acción y formación defendida en *Cartas a Constant*.

— *Das System der Sittenlehre (El sistema de la doctrina de las costumbres)*, Jena y Leipzig, Gabler, 1798. Exposición sistemática de la ética fichteana. Fundamental para entender la noción de moralidad como acto libre, no susceptible de educación externa.

— *Der geschlossene Handelsstaat (El Estado comercial cerrado)*, Tubinga, Cotta, 1800. Tratado político clave. Ilumina los pasajes dedicados al Estado, al derecho y a la obediencia racional a la ley.

— *Briefe an Konstant (Cartas a Constant)*, en *Eleusinien des neunzehnten Jahrhunderts*, Berlín, 1802-1803. Texto original de *Cartas a Constant*. Su forma epistolar y su publicación en un contexto colectivo condicionan su tono y estrategia argumentativa.

— *Reden an die deutsche Nation (Discursos a la nación alemana)*, Berlín, Realschulbuchhandlung, 1808. Desarrollo posterior de muchas intuiciones presentes en *Cartas a Constant*, especialmente en lo relativo a educación, comunidad y destino histórico.

— *Gesamtausgabe der Bayerischen Akademie der Wissenschaften (Edición completa de la Academia Bávara de Ciencias)*, Stuttgart-Bad Cannstatt, Frommann-Holzboog, 1962-2012. Edición crítica de referencia para el estudio académico de Fichte.

Hammacher, Klaus, «Fichte und die Philosophie der Maurerei» (Fichte y la filosofía de la masonería), *Fichte-Studien*, 18 (2000), pp. 65-85. Estudio especializado sobre la relación entre Fichte y la masonería, clave para evitar lecturas conspirativas o meramente históricas.

Hinske, Norbert, *Bildung und Wissenschaft bei Kant und Fichte (Formación y ciencia en Kant y Fichte)*, Stuttgart, Frommann-Holzboog, 1990. Análisis fundamental del concepto de *Bildung*, central en *Cartas a Constant*.

Kant, Immanuel, *Die Religion innerhalb der Grenzen der bloßen Vernunft (La religión dentro de los límites de la mera razón)*, Königsberg, 1793. Texto decisivo para comprender la concepción moral de la religión que Fichte radicaliza y desarrolla.

Kant, Immanuel, *Idee zu einer allgemeinen Geschichte in weltbürgerlicher Absicht (Idea para una historia universal en sentido cosmopolita)*, Berlín, 1784. Antecedente directo de la filosofía de la historia y del cosmopolitismo racional presentes en Fichte.

Koselleck, Reinhart, *Crítica y crisis*, Madrid, Trotta, 2007. Análisis clásico de la tensión entre moral, sociedad y política en la modernidad ilustrada.

Le Forestier, René, *La franc-maçonnerie templière et occultiste (La francmasonería templaria y ocultista)*, París, Aubier, 1970. Obra clave para distinguir la masonería ilustrada de sus derivaciones esotéricas, criticadas por Fichte.

Lessing, Gotthold Ephraim, *Ernst und Falk. Gespräche für Freimaurer (Ernst y Falk. Conversaciones para masones)*, Berlín,

1778-1780. Texto central de la masonería ilustrada alemana. Diálogo imprescindible para contextualizar la posición de Fichte.

Moll, Johann Georg Heinrich, *Geschichte der Freimaurerei in Deutschland (Historia de la francmasonería en Alemania)*, Frankfurt y Leipzig, 1787. Fuente histórica contemporánea a Fichte sobre la masonería alemana.

Oncina Coves, Faustino, *Filosofía de la masonería: cartas a Constant*, Madrid, Istmo, 1997. Edición de referencia en español: ofrece una traducción cuidada, una introducción útil para situar el texto y un apéndice documental (la correspondencia con Fessler) que ayuda a contextualizar la génesis y el alcance de estas cartas.

Prichard, Samuel, *Masonry Dissected (La masonería diseccionada)*, Londres, J. Wilford, 1730. Texto clave en la historia de las divulgaciones masónicas, aludido críticamente por Fichte.

Starck, Johann August von (Servatius), *Apologie des Ordens der Frey-Maurer (Apología de la Orden de los francmasones)*, Frankfurt y Leipzig, 1784. Obra representativa de las disputas internas de la masonería tardía.

Wieland, Christoph Martin, *Vermischte Schriften (Escritos varios)*, Leipzig, varios volúmenes, 1770-1790. Importante para las citas morales y el tono ilustrado-humanista presente en el trasfondo del texto.

Zöller, Günter, «Fichte's Political Philosophy» (La filosofía política de Fichte), en *The Cambridge Companion to Fichte*, Cambridge, 2016. Síntesis actualizada sobre la filosofía política de Fichte.

Esta obra se terminó de componer

en las colecciones de la editorial

M A S O N I C A

más de dos siglos

después de la redacción de

Cartas a Constant

(1802-1803),

como homenaje

a la vigencia

del pensamiento de

Johann Gottlieb Fichte.